思索

사색은 나라를 생각하고[思], 나를 찾자[索] 라는 뜻이다.

하나님 나라가 땅에서도 이루어지이다

김흥호 사상 전집 · 기독교 설교집 3

하나님 나라가 땅에서도 이루어지이다

김흥호

사색

머 리 말

하늘에 하늘이 있는 것이 아니다. 땅속에 하늘이 있다. 자유는 법 안에 있는 것이지 법 밖에 있는 것이 아니다. 플라톤은 현실을 떠나서 이상이 있는 줄 알았다. 그러나 칸트는 현실을 떠난 이상은 공상에 불과하다고 생각했다. 공기의 저항을 받아야 새가 날 수 있는 것처럼 현실의 저항을 받아야 인간의 참된 자유는 이루어진다.

옛날부터 영원은 찰나 속에 있다고 한다. 찰나 속에 있는 영원이라야 참된 영원이다. 희랍종교는 찰나 밖에서 영원을 찾다가 망하고 말았다. 기독교는 언제나 현실 안에서 이상을 찾았다. 나를 본 자가 하나님을 보았다고 한다.

하늘의 뜻을 하늘에서 이루자는 것이 아니다. 하늘의 뜻을 땅에서 이루자는 것이다.

땅속에서 금덩이를 찾아내듯이 죽음(십자가) 속에서 생명(부활)을 찾자는 데 참삶이 있다. 죽고자 하는 자는 살고, 살고자 하는 자는 죽는다. 진리가 너희를 자유롭게 하리니 너희가 진리 안에 거하면 참 자유가 있으리라.

유교에서는 지성이면 감천이라고 한다. 매일 꼭꼭 자기 할 일을 정성되게 하는 이에게만 무한한 행복이 있다는 것이다. 세상에는 할 일을 버리고 자유를 찾는 사람이 있다. 그런 사람은 하늘에서 하늘을 찾는 사람이다. 내가 하늘로 가는 것이 아니다. 하늘이 내게로 온다. 하늘나라는 가까웠다. 하늘에서 자유를 찾으려고 하지 말고 내 안에서 하늘을 찾아, 물 안에서 뛰는 물고기처럼 자기 힘 안에서 살면 그곳에 생명의 약동이 있고, 행복이 있고, 자유가 있고, 축복이 있고, 기쁨이 있다.

하늘나라가 여기 있다, 저기 있다 하지 말라. 하늘나라는 너희 안에 있느니라. 하늘나라는 밖에 있는 것도 아니고, 위에 있는 것도 아니다. 하늘나라는 안에 있고, 밑에 있다. 안에서 지혜의 태양이 떠오르고, 밑에서 생명의 샘이 터 나온다. 사랑의 샘은 십자가에서 흘러나온다. 행복의 근원은 고난에 있다. 낙樂을 낙에서 찾으면 그것은 낙이 아니다. 낙은 고苦 안에 있다.

1984년 7월

김홍호

차 례

머리말   4

제1부 1980년 설교

세례 요한   12
누가 3:7~17

아베 마리아   22
누가 1:46~56

예수의 탄생   32
누가 2:1~20

제2부 1981년 설교

율법의 완성   46
마태 5:17

권리의 포기   59
마태 6:5~15

제3부 1982년 설교

새해 예배 　　　　　　　　　74
요한 4:21~26

스승 　　　　　　　　　91
누가 9:18~21

스승의 특징 　　　　　　　　　101
누가 9:22~27

스승과의 만남 　　　　　　　　　109
누가 9:28~36

스승의 모습 　　　　　　　　　123
누가 9:22~36

제자들의 행복 　　　　　　　　　138
누가 10:17~24

부활 　　　　　　　　　156
누가 24:1~12

일러두기

1. 이 책은 『진리로 자유롭게 하리니』(이화여자대학교 출판부, 1983)에서 뽑아낸 1980년, 1981년, 1982년의 설교들과, 『하루를 사는 사람』(이화여자대학교 출판부, 1984)에 있던 〈스승〉, 〈스승과의 만남〉, 〈제자들의 행복〉이라는 설교를 모아 한 권으로 묶은 것이다.
2. 설교의 제목과 성경의 인용은 당시에 저자 자신이 정했던 것이다.
3. 맞춤법, 띄어쓰기, 외래어 표기는 현재 상용되는 〈한글 맞춤법 규정〉과 국립국어원의 『표준국어대사전』에 준하여 새로 교정을 보았다.
4. 이 책의 교정은 차인섭 선생, 박강숙 선생이 맡아 주었다.

제 1 부
1975년 설교

인간은 반드시 근원적인 것,
요새 사람들은 '존재'라는 말을 많이 쓰는데
이 존재가 밑받침 되어 있어야
언제나 자신만만하고,
언제나 힘이 있는 것입니다.
그것이 없으면 힘이 생길 수가 없는 거예요.
따라서 우리가 생의 의미를 다시 찾으면
우리에게는 한없는 기쁨이 솟아나오는 것입니다.
생의 의미를 상실하면
그만 인생은 허무해지고
맥이 빠지고 힘이 안 나는 것입니다.

세례 요한
1980년 12월 7일

누가복음 3:7~17

이 독사의 족속아, 닥쳐 올 징벌을 피하라고 누가 일러 주더냐? 너희는 회개했다는 증거를 행실로 보여라.
나는 너희에게 물로 세례를 베풀지만 이제 멀지 않아 성령과 불로 세례를 베푸실 분이 오신다. 그분은 나보다 더 훌륭한 분이어서 나는 그분의 신발 끈을 풀어 드릴 자격조차 없다. 그분은 손에 키를 들고 타작마당의 곡식을 깨끗이 가려 알곡은 모아 곳간에 들이고, 쭉정이는 꺼지지 않는 불에 태우실 것이다.

오늘은 〈세례 요한〉 — 예수님의 길 안내인이라고 할까요 — 에 대해 이야기하겠습니다. 물론 바울 선생도 예수님에 대해서 하나의 문 역할을 하여, 그를 통해서도 그리스도에게로 가는 겁니다. 세례 요한 역시 하나님의 특별한 은총을 받아서 예수님을 안내하는, 예수님이 오신다는 것을 미리 전해 주는 역할을 했습니다.

　바울 선생이 "나는 그리스도의 종이다"라고 말했는데 세례 요한도 "예수님 앞에서 신발 끈을 풀기도 합당치 않다"고 했습니다. 그 당시에 신발 끈을 푸는 사람은 종이라고 해요. 그래서 『탈무드』 같은 유태 사람들의 책을 보면 "신발 끈을 푸는 이외에는 아무것이나 할 수 있다"라는 말이 있습니다. 신발 끈을 푸는 것은 종만이 하는 것이지 보통 사람은 안 한다는 것이지요. 그러니까 세례 요한은 자기는 신발 끈을 푸는 종보다 더 못하다고 할 정도로 그리스도 앞에서 겸손하게 말을 했습니다. 세례 요한은 네 복음서 여기저기에 나오는데 가장 중요한 말을 뽑아 보면 누가복음 1장, 3장, 7장, 요한복음 1장, 3장, 마가복음 6장입니다. 그 속에 조금씩 요한의 생애에 대한 이야기가 실려 있습니다.

　누가복음 1장의 말씀은 요한이 특별히 하나님의 사명을 받아서, 특별히 하나님의 부르심을 받아서 이 세상에 태어나는 과정입니다. 요한의 아버지는 제사장이었던 사가랴고, 어머니는 엘리자벳입니다. 그 사람들은 다 나이가 많았는데 가브리엘이 찾아와서 말합니다. 하나님께서 너희에게 아들을 하나 주실 것이요. 그런데 그 아들은 보통 아들이 아니다. 예언자로서 하나님의 어린 양을 증거하는, 특별한 사명을 띠고 태어나는 것이다. 그래서 사가랴가 "어떻게 제가 그것을 믿을 수 있겠습니까?"라고 말했습니다. "네가 안 믿으면 이제부터 너는 말을 못하게 되리라" 하고 가브리엘이 대답했습니다. 그래서 사가랴는 요한을 낳기까지 말을 못했습니다. 그리고 아들의 이름도 하나님께서 정해 주셨어요. 으레 사가랴 2세가 되어야겠지만 그 아이 이름은 하나님이 지어 주신 대로 요한이라고 하였어요. 특별한 사명을 타고 태어난 것이지요.

그래서 이 세상에 태어난 요한은 그 부모의 생각도 그러했지만 스스로는 하나님께 바쳐진 사람이라고 생각했습니다. 이렇게 하나님께 완전히 바쳐진 사람을 그 당시의 말로 '나사렛 사람'이라고 합니다.

우리가 예수님께서 나사렛에서 나셨다고 해서 예수님을 '나사렛 사람'이라고 그러기도 하지만 '나사렛 사람'이란 하나님께 자기 자신을 완전히 바친 사람을 뜻합니다. 자신을 하나님께 바쳤다는 증거로 그 사람들은 일체 술을 입에 대지 않았고 또 머리를 깎지 않았어요. 그대로 늘어뜨리고 다녔습니다.

여러분, 힘센 삼손을 잘 알지요. 삼손도 나사렛 사람이었어요. 하나님께 바쳐진 사람이었기 때문에 머리를 깎지 않고, 포도주를 입에 대지 않은 것입니다. 우선 요한이 나사렛 사람이라는 것이 독특한 겁니다. 그러면 이 사람이 와서 한 일은 무엇인가. 누가복음 3장에 보면 민중들에게 회개할 것을 권유하고, 회개한 사람들에게는 세례를 주었습니다. 그래서 '세례 요한'이라는 말이 생기게 된 거지요. 그런데 이 세례 요한의 집단은 요한이 죽은 후에도 오래 계속되었다고 합니다.

역사에 남은 기록을 보면 요한이 죽은 지 250년 후에도 '세례 요한'이라고 하는 집단이 계속되었다고 해요. 그러니까 요한을 따르는 사람들이 정말 자기의 죄를 회개하고 깨끗하게 사는 생활을 계속하였다는 것이지요.

누가복음 3장 7절을 보면 대단합니다. 예루살렘에서 제사장과 그 당시의 종교 지도자인 레위 사람, 바리새인들이 왔을 때 그 높은 사람들에게 "이 독사의 새끼들아" 하고 말합니다. 무서운 말이지요. 자기를 쫓아다니는 사람보고 화를 내며 감히 "이 독사의 새끼들아"라고 할 수 있겠어요?

그런데 예루살렘에서 일부러 요한이라는 사람이 어떤 사람인지 한번 가서 보라는 특별한 명령을 받고 높은 어른들이 왔는데 그 높은 어른들을 앞에 놓고 "이 독사의 새끼들아"라고 말한 것을 보면 요한의 정신적인 힘이 얼마나 강했는지 알 수가 있습니다.

마가복음 9장에 보면 예수님께서 이런 말을 했어요. "요한은 특별히 엘리야의 정신을 체득했던 사람이다." 여러분이 구약성서에서 엘리야라는 사람을 보면 그 사람이 왕의 종교인들인 바알의 제사장 450명을 대항해서 싸움을 합니다. 그리고 하나님 제단에 양을 놓고 물을 끼얹고 불을 붙이는, 450명이 하지 못한 일을 엘리야가 혼자 해냅니다. 무서운 선지자였어요. 그 사람은 왕도 욕하고 야단치는 사람이었어요. 그러니까 예수님께서 요한은 엘리야의 정신을 체득한 사람이라고 말할 수가 있었던 것이지요. 그 누구도 무서워하지 않는 엘리야였던 것입니다.

그리고 누가복음 7장에 보면 예수님께서 여자가 낳은 사람 가운데 — 다 여자가 낳기야 낳지요 — 이 세례 요한보다 위대한 사람은 없다고 말했어요. 이걸 보면 세례 요한이 대단한 인물이었다는 것을 알 수가 있지요.

요한복음 1장을 보면 "그리스도를 증거하는 사람이 나왔는데 그 이름은 요한이다"라고 하는 내용이 있습니다. 1장 6절부터 시작이 되지요. 그런데 조금 더 읽으면 다음과 같은 내용이 있습니다. "세례 요한, 네가 그리스도인가. 당신이 우리가 기다리는 그리스도요?" 하고 그 높은 사람들이 물었을 때 "아니다. 나는 그리스도가 아니다. 나는 어떤 사람을 증거하러 왔다"고 했어요. 어떤 사람이란 물론 그리스도지요. 요한은 "나는 그리스도를 가리키는 사람이지 그리스도가 아니다"라고 말했습니다.

우리가 옛날부터 달을 가리키는 손가락이라는 말을 많이 듣는데, 이 사람은 달을 가리키는 손가락이지 달이 아니라는 거지요. 요한은 자기의 한계를 확실히 안 사람입니다. "나는 그리스도가 아니다. 나는 가리키는 손가락이다"라는 거예요.

렘브란트의 작품 가운데 「세례 요한」이라는 유명한 그림이 있습니다. 낙타털로 된 옷을 입고 물에서 나오는 세례 요한의 그림이에요. 여러분도 보셨는지 모르겠습니다. 렘브란트는 그의 그림에서 빛을 드러내는 데 특별한 소질을 가진 사람입니다. 그래서 「세례 요한」이라는 화면을 보면, 모든 빛이 손가락 한 끝에 모여 있어요. 정말 좋은 그림입니다.

세례 요한은 자기에게 세례를 받으러 온 예수 그리스도를 가리켜 "이분이 구세주다. 이분이 그리스도다. 나는 너희들에게 물로 세례를 주지만 이분은 불과 성령으로 세례를 줄 것이다"라고 했습니다. 그렇게 예수님을 증거했어요. 그리고 또 난 이분의 신발 끈을 매거나 풀 자격도 없는 사람이다. 그렇게 아주 겸손하게 예수님을 증거했습니다. 그러면서 거기에 또 한마디 붙여 "세상 죄를 지고 가는 어린 양을 보라"고 말했어요. 오늘 교독문으로 이사야 53장을 읽었는데 바로 이 내용이 그것이지요.

우리의 죄를 대신 다 걸머지고 감으로써 우리가 편안하고 기쁘게 살 수 있게 해 주는 구세주가 무슨 왕처럼 그렇게 오는 것이 아니고, 십자가에 달리는 하나의 어린 양으로 온다, 이것이 세례 요한의 증거였습니다.

요한복음 3장에서 제자들이 "선생님, 선생님을 쫓아다니던 사람들이 이제는 자꾸 예수님께로 갑니다. 이거 어떻게 했으면 좋습니까" 하고 물었을 때 세례 요한이 한 유명한 말이 있습니다. "그 사람은 흥할 것이요, 나는 망할 것이다." 이것도 무서운 말이지요. 자기가 가장 사랑하는 제자 베드로와 안드레, 요한과 야고보에게도 "이제부터 너희들은 날 따라 오지 말고, 저기 있는 예수님을 따라가라"고 합니다. 그래서 베드로와 안드레와 요한과 야고보가 예수님에게로 가서 예수님의 수제자가 된 것이지요.

가톨릭에서는 가톨릭 성당을 베드로 성당이라고 합니다. 또 요한복음의 요한은 본래 세례 요한의 제자였다가 세례 요한이 보내는 바람에 예수한테 가서 예수의 제자가 되었어요. 세례 요한이 한 말 "저 사람은 앞으로 자꾸 흥하게 되고, 나는 망하게 된다" 그런 것은 보통 들을 수 없는 말이지요. 이것이 요한복음 3장의 내용입니다.

세례 요한이 어떻게 망합니까. 헤롯이라는 왕에게 붙잡힙니다. 그런데 성경에 보면 헤롯도 요한을 무서워해서 요한의 말을 들었다고 합니다. 헤롯 왕이 요한을 무서워했다는 것을 보면 세례 요한이 굉장히 무서운 사람이었나 봅니다.

그런데 요한을 지독히 미워한 사람이 헤롯 왕의 아내 헤로디아예요. 헤로디아라고 하는 여자는 원래 헤롯 왕의 동생 빌립의 아내였는데 빌립을 차버리고 자기 남편의 형한테 와서 살았어요. 그러니까 헤롯의 본 부인도 떨어져 나간 거지요. 그래서 세례 요한이 그럴 수가 있느냐 하고 야단치는 통에 헤롯은 꼼짝 못하고 잘못했다고 하는데 이 여자는 세례 요한을 죽여야 하겠다고 생각합니다. 그리고 자기 딸이 춤을 추고 상을 타게 되었을 때 "어머니, 무슨 상을 달라고 그럴까요" 하고 묻자, "요한의 목을 베어 달라고 그래라" 하고 그 딸에게 시킵니다.

마가복음 6장 28절에 보면 쟁반에 담아다가 소녀에게 건네자 소녀는 다시 그것을 제 어미에게 갖다 주었다는 내용이 있습니다. 그때 세례 요한의 나이 30이었어요. 자, 이 아까운 서른 살 난 젊은이가 헤로디아의 손에 결국 죽게 된 것입니다. 이것이 요한의 일생이에요.

여기서 나는 서너 가지를 생각해 보려고 합니다. 우선 하나는 세례 요한이 '나사렛 사람'이라는 것, 그리고 나사렛 사람이란 '자기 자신을 하나님께 바친 사람'이라는 것을 특히 생각해야 되는 것입니다. 그렇게 하나님께 자기 자신을 바친 사람은 하나님의 사람이기 때문에 그런 사람에게는 삶과 죽음이 없다는 것, 그것을 한번 생각해 보세요. 그런 사람에게는 생사가 없다는 것, 세상에서 나서 세상에서 죽는 것이 아니고, 세상에 왔다가 다시 세상을 떠나서 간다는 것, 그러니까 태어났다가 죽는 것이 아니고, 왔다가 간다는 것, 태어났다가 죽는 것이라고 생각하면 정말 너무 섭섭합니다. 이럴 수가 있습니까. 요한은 외아들이에요. 이럴 수가 있나 하고 기가 막혀 하겠지만 하나님에게 바쳐진 사람에게는 났다가 죽는 것이 아니라 왔다가 가는 것입니다. 그렇게 생각하면 비록 짧은 시간 동안이지만 이 세상에 와서 할 일을 다 하고 간다는 것이 됩니다. 놀러 온 것 같으면 오래 놀아야 하겠으나, 이 사람은 특별한 볼 일이 있어서 왔으니까 볼 일을 최단시간에 끝내고 갔다 이거지요. 하나님에게 자기 자신을 바친 사람은 났다가 죽는 것이 아니라 왔다가 가는 것입니다.

두 번째로 알아야 할 것은 세례 요한은 인류 역사에서 처음으로 그리스도를 발견한 사람이라는 것입니다. 아무도 '그리스도'라고 써 붙이고 다니는 것이 아니지요. 그리스도라고 해도 다 우리 같은 사람이에요. 그런데 똑같이 보이는 그 속에서 요한이 처음으로 그리스도를 발견했다는 것이지요. 요한이 인류사상 가장 위대한 사람이라는 칭찬을 받게 된 이유 중의 하나가 이것이라고 생각합니다.

예수님께서는 또 세례 요한이 이렇게 위대하지만 앞으로의 그리스도인에 비하면 아무것도 아니다, 라는 말을 합니다. "사실 여자의 몸에서 태어난 사람 중에 세례자 요한보다 더 큰 인물은 없다. 그러나 하나님 나라에서는 가장 작은이라도 그 사람보다 크다." 세례 요한이라는 사람은 "이 독사의 새끼들아" 하고 막 밀어제치는 불도저 같은 사람입니다. 요한은 의를 위해서 불의를 밀어내는 '의'의 대표인데 예수님은 '신앙'이라고 하는 믿음의 대표예요. 그러니까 의의 시대가 지나가고 이제 믿음의 시대가 온다는 것이지요. 더 쉽게 말하면 국가적이고 민족적인 시대가 지나가고, 인류적이고 세계적인 시대가 온다는 것입니다.

크리스마스란 결국 그런 것 아니겠어요? 의의 사도는 가고 이제 믿음의 아들이 온다는 거지요. 옛날 말로 비유한다면 해가 떴다는 것이지요. 그러니까 불은 꺼져야 합니다. 이것이 곧 그 사람은 흥할 것이요, 나는 망할 것이라는 말이요, 해가 떴으니 이제 불을 꺼야 되겠다. 이 사람은 이제 경계선에 서게 된 것입니다.

의의 예언자는 갔고, 이제 믿음의 아들이 왔다. 이것을 기념하는 것이 크리스마스입니다.

아베 마리아

1980년 12월 14일

누가복음 1:46~56
내 영혼이 주님을 찬양하며 내 구세주 하나님을 생각하는 기쁨에 이 마음 설레입니다.

옛날에 『아베 마리아』라는 영화를 보셨을 거예요. 지금도 과거에 본 영화 가운데 다시 한 번 보았으면 하는 것이 『아베 마리아』와 괴테의 『파우스트』라는 영화입니다.

묵시록 12장 1절에 보면, "해를 입은 한 여자가 있는데 그 발 아래는 달이 있고, 그 머리 위에는 열두 별의 면류관을 썼더라"고 되었지요. 이것이 마리아입니다. 그다음 누가복음 1장 48절 "이제 후로는 만세에 나를 복이 있다 일컬으리로다." 그것이 마리아 자신이 한 노래입니다.

아베 마리아란 노래라기보다는 하나의 기도인데 가톨릭에서 가장 많이 드리는 기도가 '아베 마리아' 입니다. 14세기경에는 법황 요한 22세가 전 가톨릭 교인들에게 — 그때는 가톨릭 교인들밖에 없었지요 — 즉, 전 기독교인들에게 하루에 세 번 아베 마리아를 기도하도록 했어요. 그래서 교회에서는 하루에 세 번 종을 쳤고, 모든 기독교인들은 종소리가 들리면 아베 마리아의 기도를 외었어요. 아베 마리아의 기도 내용은 누가복음 1장 28절의 "축복을 받은 여인이여, 이제부터 하나님께서 너와 같이 하신다" 하는 것과 1장 42절의 "여인 가운데 네가 가장 복이 있다. 또 네 뱃속에 있는 어린애가 가장 복이 있다"는 것입니다. 1장 28절은 '천사의 축복' 이에요. 가브리엘 천사가 마리아를 처음 만나서 이제부터 하나님께서 너와 같이 계신다고 말했지요. 그리고 다음은 마리아의 사촌언니가 한 말입니다. 세례 요한의 어머니 엘리자벳이 자기의 사촌 동생이 찾아오니까 "세상에 있는 여인 가운데 너같이 복 있는 여인이 없다. 또 너만 복 있는 것이 아니라 네 뱃속에 있는 어린애도 가장 복이 있다"고 말했어요. 이 두 마디가 '아베 마리아' 의 원문입니다.

그런데 12세기에 법황 우르반 4세가 거기다가 "예수 아멘" 이란 말을 더 붙였어요. 그래서 예수 아멘이 붙었고, 요한 22세 때는 하루에 세 번씩 전 기독교인이 그 기도를 드리게 되었고, 16세기부터는 거기에 한마디를 더 붙였어요. "거룩한 마리아"

즉 산타 마리아지요. "거룩한 마리아, 하나님의 어머니시여, 이 죄인을 불쌍히 여기소서. 지금이나 죽을 때나 내 대신 주님께 기도드려 주십시오. 아멘." 그렇게 되어서 지금도 가톨릭에서는 그렇게 기도를 드립니다. 언제나 마리아더러 대신 기도해 달라는 이것을 '대도代禱'라고 하는데 이런 대도의 기도문이 아베 마리아입니다.

그런데 '아베'라고 하는 말은 우리말로 말하면 '만세' 그런 뜻이에요. 천사가 처음 마리아를 찾아와서 '만세' 한 겁니다. 그것을 '만세' 그럴 수가 없으니까 '찬양' 혹은 '복이 있다'로 번역하는 거지요. 그러니까 가브리엘이 말한 마리아는 이제부터 인류에게 가장 복 받은 존재라고 하는 것을 축하하기 위해 나온 말이지요.

이 아베 마리아의 사상은 2세기부터 있었답니다. 그리고 마리아를 진짜 아베 마리아로 높여준 분은 성 어거스틴이었어요. 또 아베 마리아가 정말 굉장히 높여지게 된 것은 기독교가 로마를 이기고 — 여러분도 다 아는 콘스탄틴 대제 때입니다 — 이제는 자유롭게 세상에 나와서 예수를 믿을 수 있게 된 때였습니다. 그전까지는 전부 땅 속에 들어가서 숨어서 예배 보는 수밖에 길이 없었지요. 그러다가 종래 기독교가 로마를 이기자 이제는 정말 태양처럼 빛나게 된 것입니다.

그러니까 성모 마리아의 품 안에 있는 어린애 그림 — 유명한 라파엘의 그림, 「마돈나」 같은 — 을 왜 그렇게 많이 그렸느냐 하면, 이건 마리아나 예수를 그렸다기보다는 기독교 교회 품 안에 안긴 그리스도인들, 교인들을 그린 겁니다.

기독교가 로마를 이긴 승리의 기념으로 묵시록 12장 1절이 나온 거지요. 그래서 "이제는 이겼다." "교회는 이제 태양을 입고, 달을 밟고, 별을 쓰고, ……" 이건 곧 교회의 모습이지요. 마리아는 곧 교회의 모습입니다.

마리아가 사랑의 화신이고, 교회가 사랑의 화신입니다. 교회 밖은 추워도 아름다운 트리를 장식해 놓고, 마치 어머니 품속에 있는 어린애처럼 평안과 기쁨 속에서 예배 드리며 사는 모습을 성모 마리아와 예수의 그림으로 나타낸 것입니다.

그리고 아베 마리아란 마리아 숭배가 아니라 교회에 대한 찬양입니다. 기독교가 승리했다는 찬양이에요. 이렇게 4세기경까지는 승리의 상징인 아베 마리아였는데 5세기부터 8세기에 걸쳐서 암흑시대가 되었어요. 그때 게르만 족속들이 쳐들어오고 로마 문화가 멸망하고 세상이 캄캄하게 되었습니다. 그런데 그 게르만 민족들을, 야만족들을 안아 주고, 길러 주고, 가르쳐 주고, 아껴 주고 한 것이 교회였어요. 교회는 그 야만족들의 선생님 노릇을 하고, 어머니 노릇을 한 것이지요. 그래서 그 야만족들이 다시 문명인이 되었고, 결국 그들은 훌륭한 사람들이 되었습니다. 이들이 요즘의 프랑스, 독일, 영국 사람들입니다. 당시의 아베 마리아는 승리의 상징이 아니라 교화敎化의 상징이 되었어요.

그러나 16세기 이후 중세기가 무너지고 르네상스가 시작되면서 사람들이 굉장히 흔들렸습니다. 프로테스탄트가 나오고, 가톨릭이 프로테스탄트와 싸우고, 백년 전쟁이 시작되었어요. 어떻게 살아야만 할지 갈팡질팡하게 되는 흔들리는 세상이었어요. 그때 어려운 세상, 연약한 인생, 죄 많은 인생, 도저히 내 힘으로는 어찌할 수가 없는 세상인지라 심판을 많이 생각하게 되었지요. 여러분도 다 아는 미켈란젤로가 시스티나 성당에 「대심판」이라는 벽화를 그렸습니다. "이것이 마지막이다. 종말이 왔다." 그래서 「대심판」이라는 벽화를 그렸어요.

그러면 그 그림 속에 심판주가 누군가. 그리스도예요. 그렇게 무서운 그리스도를 미켈란젤로가 그리고 있을 때, 모든 사람들은 감히 어떻게 내가 직접 그리스도에게 기도를 드리랴. 어머니 마리아에게 부탁해서 어머니를 통해서 그리스도에게 심판의 진노를 좀 감해 달라는 기도를 해야겠다고 생각한 것입니다. 그러니까 '중보仲保의 마리아'가 되는 거지요.

아베 마리아를 역사적으로 보면 그렇게 세 번 변해갑니다. 요새 가톨릭에서 말하는 마리아는 대개 중보의 마리아예요. 그래서 성당에 들어갈 때에는 마리아상이 먼저 나오지요. 마리아에게 가운데 '중仲' 자, 보호한다는 '보保' 자, 중보를 부탁하는 기도를 먼저 드리고 들어가게 되는 것입니다.

그러나 문제는, 우리가 마리아라고 부르는 것은, 마리아라는 사람을 말하는 것이 아니라 교회를 의미한다는 것입니다. 교회 앞에 있는 마리아를 교회의 상징이라고 생각하면 아무 문제가 없는 거지요. 그리고 교회의 상징은 어머니요, 어머니의 상징은 사랑이다. 그래서 교회는 한마디로 사랑이다, 그거지요. 그러니까 마리아는 한마디로 사랑입니다.

그런데 「주보」에 "마리아의 비극"이라는 것이 나오지요. 이건 교회의 상징이 아니라 진짜 예수를 낳으신 마리아의 비극이에요. 그런데 누가복음 2장에 보면 교회에서 메시아가 오기를 기다리는 시므온이라는 할아버지, 안나라는 할머니가 마리아를 만나고 "난 이제 죽어도 좋다. 칼이 네 마음을 찌르듯 하리라"는 말을 합니다. 그러니까 아들은 아들인데 너무 훌륭한 아들을 낳는다는 것이지요. 그러니 비극이 없을 수가 없는 겁니다.

또 요한복음 19장 26절, 예수가 십자가에 못 박힐 때 마리아가 기절해서 쓰러집니다. 그러자 예수가 옆에 있는 요한에게 부탁합니다. "여자여, 보소서. 아들이니이다." 사도 요한에게 어머니를 부탁하고 가는 거지요. 정말 기가 막히는 거예요.

세례 요한이 서른 살에 죽은 것도 기가 막히지만 예수님이 사신 것은 우리가 아무리 오래 잡아도 서른세 살입니다. 서른세 살에 죽는 모습을 자기 어머니한테 보인다는 것은 정말 기가 막히는 일이지요. 그것이 소위 마리아의 비극인 것입니다.

그런데 왜 이런 비극이 일어나게 됩니까. 세례 요한이 말했듯이 낳기는 땅에서 났지만 오기는 하늘에서 왔습니다. 세례 요한만 그런 것이 아니지요. 예수님도 마찬가지입니다. 낳기는 땅에서 났지만 오기는 하늘에서 왔어요. 그렇기 때문에 갈등이 생기는 거지요. 이 세상에 그냥 주저앉으려는, 땅에 속한 사람과 하늘나라로 가려고 하는 사람 사이에 하늘과 땅의 거리가 자꾸 생기는 거지요.

세례 요한이 헤롯한테 목 베임을 당해서 죽었지요. 그런데 세례 요한의 제자를 전부 인계 받아서 예수님이 다시 시작했을 때 헤롯이 또 예수님을 죽이려고 했어요. 그 소문을 들은 마리아의 마음이 어떠했겠습니까. 어떻게 해서든 예수를 나가지 못하게 하려고 애썼을 것 아니에요.

그런데 예수는 이제 시일이 얼마 남지 않았으니 자기에게 부과된 사명을 다하려고 하지 않았겠어요? 여기에 또 갈등이 생기는 것이지요. 그러니까 결국 예수가 "여자여, 나와 무슨 상관이 있나이까?" 이런 말을 하게 되는 거지요. 마리아는 예수를 땅으로 끌어내리려 하고, 예수는 하늘로 올라가려고 하는 겁니다. 그러니까 예수가 마리아에게 "여자여, 나와 무슨 상관이 있나이까?" 정말 말할 수 없이 어려운 말을 하게 되는 겁니다.

그리고 또 "내 모친과 내 동생들은 하나님의 말씀을 듣고 행하는 사람들이다"라고 합니다. 마리아가 예수의 동생들과 함께 예수를 잡으러 갔을 때 예수님께서 하나님의 뜻을 행하는 사람이 내 모친이요 동생이지, 하나님의 뜻을 행하지 않는 사람은 나와는 상관이 없다, 이렇게까지 말하게 되는 거지요. 예수님은 이상을 향해서, 마리아는 현실을 향해서, 거기에 틈바구니가 생기게 되는 겁니다.

그다음에 "낳기는 내가 낳았지만 속하기는 하나님에게 속했다"라는 말, 이것이 지금 문제지요. 낳기는 땅에서 났지만 오기는 하늘에서 왔다는, 그 말을 마리아의 말로 한다면, 낳기는 마리아가 낳았지만 마리아에게 속한 아들은 아니라는 것이지요. 하늘에 속했다는 겁니다.

누가복음 1장 35절 "이러므로 나실 자, 거룩한 자는 하나님의 아들이다" 이것이 가브리엘의 말이에요. 이건 내 아들이 아니라 하나님의 아들이라는 말입니다.

요한복음 6장 42절에 "그 부모를 우리가 아는데 저가 지금 어찌하여 하늘에서 내려왔다 하느냐"라는 말이 있습니다. 예수님은 하늘에서 내려왔다는 것이지요. 그러니까 하늘에서 온 자와 땅에서 난 자의 문제입니다. 그래서 마리아와 예수가 충돌을 하게 되는 거지요.

그러나 이상주의와 현실주의는 십자가에서 깨어지고 맙니다. 십자가에 매달린 예수님의 숨이 끊어질 때, 마리아가 기절할 때, 예수의 이상도, 마리아의 현실도 깨어진 겁니다.

그러나 마리아가 예수의 제자들과 마가의 다락방에 모여서 기도를 하고 있을 때 부활하신 예수님께서 나타납니다. 거기서 마리아는 이상으로 올라가고, 예수는 현실로 내려오게 되지요. 거기에서 마리아와 예수가 다시 만나게 된 겁니다.

그래서 그 후 예수님께서 승천하신 후에 마리아는 계속 초대 교단의 중심이 되고, 마리아를 모시고 있던 요한도 초대 교단의 중심이 되지요. 그리고 마리아가 아베 마리아의 구실을 하게 되는 것이지요.

결론으로 "마리아가 예수를 낳은 것이 아니라 예수가 마리아를 낳았다"는 구절이 있습니다. 여러분도 한번 생각해 보세요. 마리아가 예수를 낳았는가. 어머니가 아들을 낳았다, 그건 '자연'이지요. 그건 누구든지 할 수 있습니다. 그러나 아들이 어머니를 낳았다, 이것은 자연이 아니에요. 이건 인간만이 할 수 있는 겁니다. 어머니가 자식을 낳는 것은 강아지도 할 수 있고, 소도 할 수 있고, 다 할 수 있어요.

그러나 자식이 어머니를 낳는 것만은 인간만이 할 수 있는 거예요. 어떤 인간인가 하면 자유의 인간입니다. 그러니까 마리아가 예수를 낳은 것은 자연이요, 예수가 마리아를 낳은 것은 자유입니다.

우리는 마리아에게서 무엇을 배울 수 있습니까. "마리아가 예수를 낳은 것이 아니다. 예수가 마리아를 낳았다"는 것입니다.

예수의 탄생
1980년 12월 21일

누가복음 2:1~20

그 근방 들에는 목자들이 밤을 새워가며 양떼를 지키고 있었다. 그런데 주님의 영광의 빛이 그들에게 두루 비치면서 주님의 천사가 나타났다. 목자들이 겁에 질려 떠는 것을 보고 천사는 "두려워하지 말라. 나는 너희에게 기쁜 소식을 전하러 왔다. 모든 백성들에게 큰 기쁨이 될 소식이다. 오늘 밤 너희의 구세주께서 다윗의 고을에 나셨다. 그분은 바로 주님이신 그리스도이시다. 너희는 한 갓난아이가 포대기에 싸여 구유에 누워 있는 것을 보게 될 터인데 그것이 바로 그분을 알아보는 표이다" 하고 말하였다. 이때에 갑자기 수많은 하늘의 군대가 나타나 그 천사와 함께 하나님을 찬양하였다. "하늘 높은 곳에는 하나님께 영광, 땅에서는 그가 사랑하시는 사람들에게 평화!"

예수님의 탄생에 대해서는 마태복음 1~2장, 마가복음 1장, 누가복음 1~2장, 그리고 요한복음 1장에 말씀이 있습니다.

마태복음에서 가장 중요한 말이 '임마누엘'이라는 말이지요. 마태복음 1장 23절, "보라 처녀가 잉태하여 아들을 낳을 것이요, 그 이름을 임마누엘이라 하리라 하셨으니 이를 번역한즉 하나님이 우리와 함께 계시다 함이라." 그리고 마가복음에는 특별한 탄생 기사가 없지만 첫마디가 "하나님의 아들, 예수 그리스도의 복음"입니다. 마가복음 1장 11절 "하늘로부터 소리가 나기를 너는 내 사랑하는 아들이라. 내가 너를 기뻐하노라 하시니라."

그리고 누가복음 1~2장에서 제일 중요한 말은 '기쁨'이라는 말입니다. "지극히 높은 곳에서는 하나님께 영광이요, 땅에서는 기뻐하심을 입은 사람들 중에 평화로다." 이것은 누가복음 2장 14절에 있습니다. 그리고 요한복음 1장에 "말씀이 육신이 되었다"는 유명한 말이 있는데, 요한복음 1장 14절에도 보면 "말씀이 사람이 되셔서 우리와 함께 계셨는데 우리는 그분의 영광을 보았다. 그것은 외아들이 아버지에게서 받은 영광이었다. 그분에게는 은총과 진리가 충만하였다"라고 되어 있습니다.

우선 우리가 크리스마스에 제일 크게 느끼는 것은 '기쁨'이라는 것이 되겠습니다.

기독교의 본질은 한마디로 기쁨이다. '복음(福音, euagg-elion)'이란 말은 기쁨을 전한다는 말이다. 성경은 '기쁨'이라는 말로 가득 차 있다. 동방박사의 기쁨, 마리아의 기쁨, 천사들의 기쁨, 별들의 기쁨, 목자들의 기쁨, 땅의 기쁨, 자연의 기쁨, 사람의 기쁨, 이렇듯 기독교는 인간의 본질을 기쁨으로 본다.

이는 내 사랑하는 자요, 내 기뻐하는 자라는 것이 인간에 대한 신의 계시이다. 예수도 자기 제자들에게 "내가 이것을 너희에게 이름은 내 기쁨이 너희 안에 있어 너희 기쁨을 충만하게 하려 함이라"고 말씀하셨다. 성령의 열매도 사랑과 기쁨이요, 바울이 교인들에게 전하는 것도 넘치는 기쁨이다. 바울은 옥중에서 죽음을 기다리면서도 끓어오르는 기쁨을 어쩔 수가 없어서 넘치는 기쁨을 나눠주기 위하여 붓을 들어 이렇게 쓴다. "너희 믿음의 제물과 봉사 위에 내가 나를 관제로 드릴지라도, 나를 기뻐하고 너희 무리와 함께 기뻐하리니, 이와 같이 너희도 기뻐하고 나와 함께 기뻐하라." 그리고 항상 기뻐하는 것이 그리스도인의 생활이라고 못을 박는다. 기쁨은 물론 피상적인 기쁨이 아니요, 깊은 곳에서 솟아오르는 기쁨이다. 그것은 하나님 나라에서 터져 나오는 기쁨이다.

태초에 기쁨이 있었다. 기쁨이 하나님과 같이 있었다. 기쁨이 곧 하나님이다. 만물이 기쁨으로 말미암아 지은 바 되었으니 지은 것이 하나도 기쁨 없이는 된 것이 없느니라. 이 우주에 꽉 차 있는 것이 기쁨이다. 이 기쁨을 사는 것이 믿음이요, 이 기쁨을 보여 주는 것이 사랑이요, 이 기쁨을 전하는 것이 복음이다.

오늘 크리스마스라고 해서 특별한 것은 없습니다. 그저 기뻐하면 되는 거예요. 기독교라고 하는 것 별거 아닙니다. 그저 기뻐하는 것이 기독교입니다. 가끔 믿음이 무엇이냐고 회의하는 사람도 있는데 믿음도 별것 아닙니다. 그저 기뻐하는 것이 믿음입니다. 그래서 나는 기쁨이라고 하는 것은 기氣가 뿜어 나오는 것이라고 늘 말합니다.

저기 지금 라디에이터에서 더운 김이 뿜어 나오지요. 여기 난로에서도 열이 뿜어 나오지요. 라디에이터에서 뿜어 나오는 것은 거기서 뿜어 나오는 것이 아닙니다. 지하실의 보일러에 불이 붙고 기름이 타는, 그 근원적인 곳으로부터 터져 나오는 것이지요.

기쁨이라고 하는 것도 얕은 데서 나오는 것이 아니고 깊은 데서 — 깊음과 기쁨은 형제예요 — 뿜어 나오는 것이지 피상적인 기쁨이 아닙니다.

바울 선생님도 예수 믿는 사람들은 껍데기로 보면 슬픈 것 같지만 속으로 말하면 기쁘다고 말을 했습니다. 속에서 넘쳐 나오는 기쁨이 자꾸자꾸 터져 나와서 바울 선생님처럼 나는 이제 며칠 있으면 죽는다 그래도 어쩔 수가 없어서, 내가 기쁨을 너희에게 전한다가 되는 것입니다.

또 예수님처럼 십자가를 내다보면서도, 내일 혹은 모레 십자가를 질 그 순간에 가서도 내가 나에게 있는 기쁨을 너희에게

전한다가 되는 거예요. 기독교의 본질은 기쁨입니다. 그래서 천사들이 이렇게 노래를 부릅니다. "하늘에는 영광, 땅에서는 기뻐하심을 입은 사람에게 평화." 그런데 그 번역이 딴 성경에는 "하늘에는 영광, 땅에는 평화, 사람에게는 기쁨"으로 되어 있어요. 그렇게 언제나 하늘에는 별이 빛나는 영광이 있고, 땅에는 무한한 풀밭 평화가 깃들고, 사람에게는 언제나 기쁨이 넘쳐 이것이 인간의 본질이라는 것, 그것이 내 생각으로는 더 좋은 번역인 것 같습니다.

인간의 본질은 기쁨이라는 것을 알고도 나에겐 기쁨이 없다고 한다면 내가 지금 잘못 살고 있다고 생각해야 합니다. 내가 바로 살면 내 속에서 한없이 기쁨이 터져 나오는 것이고 그렇지 않으면 기쁨이 터져 나오지 않아요. 그런데 이 '기쁨'이라는 말과 '즐거움'이라는 말을 우리 교회에서는 다르게 구분합니다. 흔히는 그것을 구별하지 않지요. 조이(joy)라는 말과 플레저(pleasure)라는 말인데, 서로 다릅니다. '기쁨'이란 전체적인 것이고, '즐거움'이란 부분적인 것이라고 봅니다. 쉬운 말로 바꿔 쓰라면 우리가 존재를 가졌을 때는 기쁨이요, 소유를 가졌을 때는 즐거움이다, 그렇게 생각해요.

'존재'와 '소유'라는 말 많이 쓰지요. 존재란 전체적인 것이고, 소유란 부분적인 거예요. 우리가 돈을 가졌다, 무슨 권리를 가졌다, 학문을 가졌다, 이런 것은 다 하나의 즐거움에 속하는 것이지 기쁨에 속하는 것이 아닙니다.

　그러면, 기쁨이란 무엇인가? 우리가 정말 존재를 붙잡았을 때, 존재와 내가 연결되었을 때, 존재라는 말 대신에 하나님과 내가 연결이 되었을 때, 라디에이터가 지하실의 보일러와 연결되었을 때 뿌리에서 나오는 기운이, 나무 잎사귀가 솟아나는 듯한 생명의 기운이 내 속에서 나올 때 느끼는 것이 기쁨입니다. 쉬운 비유로 말하면 어린애가 어머니를 만났을 때, 그럴 때는 기뻐하지요. 그러나 어린애가 장난감이나 먹을 것을 가지고 있을 때는 즐거운 겁니다.

　즐거움의 반대는 고통입니다. 그런데 기쁨의 반대는 슬픔이에요. 기쁨은 가졌어도 즐거움은 못 가질 수가 있습니다. 그러나 고통을 가질 수는 있습니다. 고통과 기쁨을 같이 가질 수도 있습니다. 그래서 바울이 십자가를 지는 고통을 느끼면서도 계속 터져 나오는 기쁨을 어떻게 할 수 없어 하는 거지요.

　어린애가 먹을 것이 없고, 장난감도 없고, 아무것도 없어도 엄마! 그러면 기쁜 거지요. 그러나 어머니가 없다, 그럴 때에는 장난감도 먹을 것도 태산 같이 갖다 주어도 그 애에게 기쁨은 없는 겁니다. 슬픔이 있을 뿐이지요. 그러나 즐거움은 있게 할 수 있고, 고통도 없이 할 수 있습니다. 그러니까 우리가 고아원에 가서 잘해 주면 그 아이들의 고통은 없이 할 수가 있고, 대신 즐거움은 있게 할 수 있지만 그 애들에게 어머니를 안겨 주지 않는 한 기쁨은 없는 겁니다.

기쁨과 즐거움이라는 것이 우리말의 개념으로는 구별이 잘 안 되지만, 근원적이라는 전체적인 어머니 같은 존재와 우리가 딱 부딪쳐서 연결되면, 한없는 기쁨이 터져 나오는 것입니다.

우리가 부분적으로 어떤 무엇을 소유할 때에 거기에서 나오는 것을 즐거움이라고 생각할 때, 인간은 하나님을 못 만나면, 하나님과 연결이 되지 않으면 누구나 다 비관, 회의, 허무에 빠집니다. 그래서 세상이 허무하다든가, 의심스럽다든가, 슬프다든가 하는 것은 나와 어떤 존재, 즉 하나님과 연결이 안 되어서 그런 것입니다. 쉽게 말하자면 뿌리가 없어서 그런 거지요. 그러니까 사람은 뿌리가 생길 때, 근원적인 것을 가졌을 때, 얼마든지 힘을 쓸 수 있게 됩니다. 이것이 우리의 입장이라는 겁니다. "그리스도는 반석이다." "하나님은 반석이다." 그렇게 자꾸 '반석이다, 반석이다' 하는 말은 그 위에 서면 튼튼하고, 자신이 있고, 힘이 넘친다는 것입니다. 그런 입장을 가지면 기운이 쑥쑥 나옵니다. 어린아이들이 뒤에 엄마나 아빠가 있으면 힘이 생겨, 나가서 싸움도 잘하지만 아버지가 뒤에 없으면 그만 밀려 나오고 맙니다. 언제나 맥이 빠져 있습니다.

마찬가지예요. 인간은 반드시 근원적인 것, 요새 사람들은 '존재'라는 말을 많이 쓰는데, 이 존재가 밑받침 되어 있어야 언제나 자신만만하고, 언제나 힘이 있는 것입니다. 그것이 없으면 힘이 생길 수가 없는 거예요. 따라서 우리가 생의 의미를 다시 찾으면 우리에게는 한없는 기쁨이 솟아나오는 것입니다. 생의 의미를 상실하면 그만 인생은 허무해지고 맥이 빠지고 힘이 안 나는 것입니다.

그러니까 인간이 가지고 있는 고유한 의미를 찾았는가, 그것을 발견했는가, 하는 것은 매우 중요한 것입니다. 찾았는가. 그것을 발견했는가. 이 고유한 의미라고 하는 것이 믿음이라는 것 아니겠어요? 그러면 인간의 참 의미를 찾아주기 위해서 오신 이가 누군가. 예수다.

예수는 누군가. 하나님과 나를 만나게, 그래서 마태복음 1장에 '임마누엘'이라는 말이 나와요. 그 말은 하나님이 우리와 함께 계시다. 더 쉽게 말하면 하나님과 나를 만나게 해 준다. 뿌리와 가지, 벽의 라디에이터와 지하실의 보일러를 연결해 주는 역할을 하는 이가 바로 임마누엘이라는 거지요. 하나님과 만나게 해 줍니다.

또 요한복음에 보면 말씀이 육신이 되었어요. 이것을 쉽게 말하면 '말씀'이라고 하는 것은 하늘의 구름 같아요. 구름 운雲 자는 비 우雨 밑에 말씀 운云 자를 써요. 그러니까 구름 운雲에 비 우雨를 떼어 버리면 말씀이에요. 하늘에 있는 구름이란 하늘 어디에나 안 가는 데가 없지요. 어떤 때는 구름이 하늘에 꽉 찰 때도 있어요. 이렇게 보면 구름이란 하늘을 다 알고도 남지요.

시시콜콜하게 하늘을 다 아는 거예요. 그러니까 하나님을 가장 잘 아는 존재, 그것이 누군가. 구름이요, 말씀입니다. 하늘을 가장 잘 아는 존재, 그것이 말씀이에요. 그리고 이 땅 어디까지나 가는 것을 나는 물이라고 생각합니다. 물은 어디든 스며들지 않는 곳이 없습니다. 땅 어디를 파도 물이 나와요. 땅을 제일 잘 아는 존재, 그것은 물입니다. 그러니까 말씀이 육신이 되었다 하는 말을 구름이 물이 되었다 하는 말로 생각할 수 있습니다. 구름이 물이 됩니다. 하늘에 있는 구름이 물이 되어 땅에 내려오는 것을 우리가 비라고 하지요.

하나님의 아들은 무엇인가. 비라는 말이지요. 결국 하늘과 땅을 가장 잘 아는 분, 그분이 예수 그리스도입니다. 하늘을 잘 알고, 땅을 잘 알고, 그러니까 결국은 중간에 있는 중매인 비슷한 거지요. 남자를 잘 알고, 여자를 제일 잘 알아 구름이 되고, 땅을 제일 잘 아는 물이 된다. 그렇게 해서 하늘과 땅을 중매한다고 해서 성경에서는 중보仲保라는 말을 씁니다. 하늘과 땅을 만나게 해 준다, 중보자다, 그것이 곧 하나님의 아들입니다.

요한복음에 보면 그리스도는 중보자라고 했어요. 그 중보자는 "하늘에서 내려온 비 같은 존재다. 하나님의 아들이다." 그분은 하늘과 땅을 만나게 해 준다. 임마누엘이다. 그렇게 만나게 해 주면 이 우주 만물이 무성하게 되어 말씀으로 지음 받게 된다는 것이지요. 새로운 기운이 솟아나오고 참되고 아름다운 세계로 커갈 때 하늘에도 기쁨, 땅에도 기쁨, 사람에게도 기쁨, 그래서 기쁨이 넘친다는 말이에요.

그러니까 요한복음 1장에 말씀이 육신이 되었다는 말은 중보라는 말인 동시에, 마가복음의 하나님의 아들, 마태복음의 임마누엘, 누가복음의 기쁨이라는 말이 됩니다. 그리고 이 넷이 합하여져서 중보 없이, 하나님의 아들 없이, 임마누엘 없이 기쁨이라는 것은 없게 되는 거지요. 반드시 이 넷이 함께 합하여질 때 '크리스마스'라고 하는 새로운 사건이, 새로운 창조가 이룩되는 것이지요. 본래 예수님의 생일이 언제인지는 모르지요. 그걸 누가 알겠어요. 그리고 양떼들이 나가서 풀을 뜯어먹고 밤에 목자들이 양떼들을 지켰다고 했습니다. 그것이 유태에서는 가을이랍니다. 아마 10월경이겠지요.

그런데 왜 10월로 정하지 않고 12월로 정하였나. 그건 교회에서 그렇게 잡은 거지요. 왜 그렇게 교회에서 잡았나 하면 기독교가 로마를 4세기에 이겼어요. 그리고 지금까지 땅속에 있던 교인들이 전부 밖으로 나왔어요. 땅속에 있는 것을 '카타콤(catacomb)'이라 했습니다. 땅속에 있는 교인들이 밖으로 나올 때 무엇을 느꼈느냐 하면 예수의 탄생을 느끼게 되었어요. 어머니 뱃속에서 어린애가 나오듯이 땅속에서 모든 교인들이 나왔어요. 그래서 우리가 이것을 '크리스마스'라고 하자. 크리스마스를 축하하자. 그리고 이 크리스마스를 12월 25일로 하자. 12

월 25일은 로마의 가장 큰 명절이었어요. 우리가 로마를 정복했으니 로마 사람들이 지키던 가장 큰 명절까지도 정복해야 되겠다. 그래서 결국은 로마의 가장 큰 명절이 크리스마스가 된 것입니다.

그런데 크리스마스는 언제인가. 동지 다음날이에요. 오늘이 21일인데 내일이 22일, 동짓날이에요. 사실 금년의 크리스마스는 23일이 되어야 해요. 동지라고 하는 것은 밤이 가장 길고, 이 세상에 암흑이 가장 긴 때예요. 그러다가 동지가 지나면 그 다음부터 다시 밝은 빛이 시작되는 거지요.

예수님께서도 요한복음 8장 12절에 "나는 이 세상에 온 빛이다" 그랬어요. 물론 예수님은 빛이라는 것, 우리가 다 알지요. '나는 빛이다' 하는 말은 다른 말로 '나는 진리다'와 같은 말입니다. 나는 빛이다. 이 빛이 처음으로 살아나는 그 시간이 동지 다음날이에요. 그런데 기상청에서 조사를 해보니까 동짓날이 21일이 되는 해도 있어요. 22일이 되는 해도, 23일, 24일이 되는 해도 있어요. 그러면 전체적으로 통틀어서 25일로 정하자. 그래서 25일이 크리스마스가 되었어요.

12월 25일이 로마의 큰 명절이기도 했지만 기독교인들이 이 날을 크리스마스로 정한 이유는 빛이 처음으로 살아나는 날을 기념하기 위한 것이었어요. 또 아침에 해 뜰 때 얼마나 좋아요. 아침 싫다는 사람 없지요. 다 굿 모닝 그러지요. 크리스마스란 정말 굿 모닝이에요. 빛이 살아나는 아침이에요. 어디에 빛이 살아납니까. 우리 마음속에 빛이 살아나고, 마음속이 밝아지고, 명랑해지고, 유쾌해지고, 그리고 속에서 기운이 터져 나오고, 힘이 솟아나고, 결국은 건강해 집니다.

나는 건강한 것이 제일 좋다고 생각합니다. 건강한 육체, 건강한 정신, 힘이 있고, 빛이 있고. 퀘이커파의 창시자 폭스(George Fox)도 "나는 예수 그리스도를 통해서 빛과 힘을 얻었다"고 했어요.

믿는 사람이라는 것이 무엇입니까. 빛과 힘을 가진 사람, 그것이 우리 믿는 사람이라고 생각합니다.

제 2 부
1981년 설교

"뜻이 하늘에서 이루어진 것같이
땅에서도 이루어지이다."
이 말은 우리가 하나님의 뜻을 이루기 위해서
힘껏 일한다는 것입니다.
기도도 맨 처음에는 마음으로 하고
다른 사람과 같이 할 때는 입으로 하지만
역시 참 기도는 몸으로 해야지요.
그것이 진짜 기도입니다.
우리가 행동으로 기도한다는 것은
하나님의 뜻대로 산다는 것입니다.

율법의 완성
1981년 11월 1일

마태복음 5:17
내가 율법이나 예언서의 말씀을 없애러 온 줄로 생각하지 말아라. 없애러 온 것이 아니라 오히려 완성하러 왔다.

율법이라는 말은 마태복음 5장 17절에 있습니다. 그리고 "성내지 말라. 간음하지 말라. 맹세하지 말라. 원수를 사랑하라"는 말과 "하늘에 계신 아버지께서 온전한 것처럼 너희도 온전하라"는 말, 즉 마태복음 5장 48절까지를 다 포함시켜서 〈율법의 완성〉이라는 것에 대해 말씀드리겠습니다.

율법의 완성이 곧 복음이니, 오늘 이야기는 복음이 무엇인가 하는 말도 되겠습니다. 본래 법이라고 하는 것은 도덕의 최하의 수준입니다. 최하로 요 정도는 지켜야만 한다는 것이지요. 지키지 않으면 국가의 힘으로 다스리니까, 법의 배후에는 언제나 강제적인 힘이 있는 거지요.

이처럼 최소로 지켜야 할 것이 네 가지가 있습니다. 이 네 가지가 무엇이냐 하면 "살인하지 말라", "간음하지 말라", "도둑질하지 말라", "속이지 말라"는 율법입니다. 이 네 가지를 지켜야 인간 사회가 유지되지 이것을 못 지키면 사회는 존속할 수가 없는 겁니다.

동양에서도 "살인하지 말라"의 '살殺', "도둑질하지 말라"의 '도盜', "간음하지 말라"의 '음淫'을 합하여 '살도음'이라고 해서 '삼악三惡'이라고 합니다. 제일 악한 것이 이 세 가지이고, 그다음이 속이는 것이에요. 사기를 친다든지, 거짓말을 하는 것 말이에요. 악한 것이지요.

그런데 근대에 와서 '율법'이라는 말은 '자연법'으로 씌어졌습니다. 특히 프랑스 혁명이 있은 후에 그렇게 되었지요. 프랑스 사람들이 혁명을 하면서 내놓은 것이 '자유, 평등, 박애' 사상이었습니다. 이 사상이 바로 자연법사상에서 나온 것이지요.

자연법이 무엇인가 하면 다음 세 가지입니다. 사람은 누구나 살 권리가 있다고 하는 생명권, 사람은 누구나 먹을 권리가 있다고 하는 재산권, 또 사람은 누구나 말하고 들을, 쉽게 말하면 생각할 권리가 있다는 생각권입니다. 생활권, 생존권, 생각권, 이 세 가지가 자연법사상입니다.

율법의 완성 47

'생각의 자유'에서의 '자유', '생명의 존엄'이란 지위가 높은 사람이건 낮은 사람이건 존엄성에 있어서는 똑같다는 '평등' 또 누구나 다 밥 먹을 권리가 있는 거예요. 혼자만 먹을 수는 없지요. 같이 먹고 살자는 '박애'는 바로 자연법사상에서 나온 것이지요.

여기서 하나를 더 생각해 본다면 '생명의 연장'을 끌어낼 수 있습니다. 생존, 생활, 생각, 생명 — 바로 생명의 연장을 위해서 우리는 결혼을 하고, 가족을 가지고 사는 거지요. 그러니까 가정을 가지는 것을 '생명권'이라고 해둡시다. 생각의 자유, 생존의 평등, 생활의 박애와 생명의 필요성을 가져요.

쉬운 말로 하면 사람은 누구나 콧구멍을 가졌다는 거예요. 콧구멍으로 누구나 다 숨 쉴 수 있어야 해요. 우리는 캄보디아에서 4백만 명이 공산당에 의해 살육되었다는 말을 들었는데, 이것이 바로 인간의 생존권을 말살한 것이지요. 하나님께서 코를 만들어 주셨으면 숨을 쉬는 것이 중요하지 뾰족하건 납작하건 그런 것이 문제가 되는 것이 아닙니다. 바람만 들락날락하면 되는 거예요. 이런 권리를 그때는 생명권이라고 불렀어요. 또 사람은 입을 가졌으니까 밥을 먹어야지요. 재산권입니다. 그러니까 사람이 세상에 나오면 이 두 가지만은 필수적으로 가져야 합니다.

또 본다는 것이 중요하지요. 어떤 사람은 맹인이 되기도 하지만 눈을 뜬 사람보다 더 잘 보기도 해요. 어쨌든 눈을 가지고 보지요. 보는데 누구를 제일 많이 볼까요. 내 생각에는 남자는 여자를, 여자는 남자를 제일 많이 볼 것 같아요. 그래서 결혼을 하고 가정을 가지는 것은 중요한 일이지요.

또 사람은 들어야 합니다. 오늘 여러분도 교회에 와서 듣고 있지 않습니까. 듣는 것, 말하는 것, 모두 중요한 것인데 말을 하려면 생각을 해야지요.

그러니까 사람은 들어야 하고, 말해야 하고, 생각해야 하는 거예요. 또 봐야 되고, 같이 살아야 되고, 가정을 가지는 것도 중요한 거지요. 먹어야 되고, 입어야 되고, 집을 가져야 되는 재산권도 중요합니다.

숨을 쉬고 살아야 하는데 이 살 권리가 말소되는 것을 죽음[殺]이라 부르지요. 그리고 먹으려 하는 재산권을 말소하는 것이 도적질[盜]이에요. 우리가 가정을 가지고 아기를 낳고 사는데 이 가정을 깨뜨리려 하는 것이 간음姦淫입니다. 성경에서 지금 말하고 있는 것은 가정 문제입니다. 가정을 깨뜨려서는 안 되는데 이것을 남이 깨뜨릴 때 간음이 되는 거지요. 사람은 누구나 가정을 가지고 행복하게 사는 것이 중요한데 이것을 깨뜨리려고 해서는 안 된다는 겁니다. 인간이 다른 동물과 다른 것은 가정을 가지는 것이지요. 모든 교육은 가정에서 이루어집니다. 사람됨이 이루어지는 이 가정을 깨뜨린다는 것은 참을 수 없는 일이지요. 이것은 볼 수 있는 권리를 깨뜨리는 것과 마찬가지예요.

또 속인다, 사기 친다고 하는 것은 말을 들을 수 없다는 것과 같아요. 요즘 불신풍조란 말을 많이 쓰는데 이것은 바로 들어도 들리지 않게 되었다는 거예요. 왜? 자꾸 속이니까요. 세상에서 제일 나쁜 것은 들을 권리를 박탈하는 것입니다. 언론의 자유가 없다는 것은 문제가 되지요. 귀와 입과 눈과 코 때문에 문제가 되는 겁니다. 이것들의 권리를 박탈하면 사람은 살 수가 없습니다. 이러한 권리를 박탈하지 말라고 하는 것이 바로 율법입니다. 자연법이라는 것입니다.

사람은 누구나 생각해야 되고, 밥 먹고, 숨쉬고, 보고, 듣고 살아야 하는 이 네 가지가 인간의 창문입니다. 입은 배로 통하고, 눈은 머리로, 코는 가슴으로, 귀는 사지로 통합니다. 사람이 살려면 이 네 가지 창문이 막히지 않아야 합니다. 이것이 막히면 죽습니다. 살인하면 안 된다. 물론이지요. 도둑질하면 안 된다. 물론이지요. 간음하면 안 된다. 물론이지요. 사기 치면 안 된다. 물론이지요. 이것은 절대 지켜져야 하는 것입니다. 그래야 우리가 살 수 있는 것이지요.

이웃을 사랑하라는 것은 살도록 해 주라는 것입니다. 마태복음 5~6장에 예수께서는 "모세는 너희에게 이렇게 말했지만 나는 좀 더 심각하게 말한다. 이건 곧 살인하지 말라가 아니라 남을 미워해도 안 된다는 것이다"라고 했습니다. 더 깊이 들어간 말이지요. 살인이라는 것은 행동으로 나온 것이지만 미워한다는 것은 마음속에서 움직이는 것이지요. 마음속으로 미워하다가 죽이는 거예요. 그러니까 근본적으로 뿌리를 뽑아야 하지 않느냐 하는 겁니다.

모세는 간음하지 말라고 하였지만 예수는 여인을 보고 — 지금은 남자나 여자나 마찬가지예요 — 즉 "이성을 보고 음욕을 품는 자마다 이미 간음한 것"이라고 했습니다. 마음속으로 내 것으로 만들겠다고 생각하는 것은 이미 간음한 것이나 마찬가지라는 것이지요.

모세는 도둑질하지 말라고 했지만 예수는 다른 사람의 물건을 가지고 싶어 하기만 해도 안 된다고 했습니다. 아주 엄격합니다. 행동으로 나타나는 것을 법으로 다스리지만 예수님 말씀은 마음속에 있는 것부터 없애야 한다는 것이지요.

아까 말한 살殺·도盜·음淫에 대해서 예수님의 말씀은 탐貪·진瞋·치痴가 됩니다. 남의 물건을 탐하면 안 된다의 '탐', 남을 미워하면 안 된다의 '진', 남을 간음할 생각을 가져도 안 된다의 '치'인 거예요. '살도음'을 삼악三惡이라고 한다면, '탐진치'는 삼독三毒입니다. 더 독한 거다 그거지요.

예수님의 명령을 따르기란 참 어렵습니다. 살인하지 않은 사람은 많지요. 그러나 사람을 미워해보지 않은 사람은 몇이나 되겠어요. 간음하지 않은 사람도 많습니다. 그러나 한 번도 음욕을 품지 않은 사람이 있겠습니까. 도둑질하지 않은 사람도 많지만 한 번도 남의 것을 갖고 싶어 하지 않은 사람이 어디 있어요. 그러니 이것을 객관적으로 보면 굉장히 어려운 거지요. 그래서 예수님이 우리에게 가르친 수준이 너무 높아서 도저히 따를 수가 없다고 생각됩니다.

그러나 우리는 이렇게 생각하지 말고 달리 생각해 봅시다. 내 마음속에 음욕이 일어난다. 이걸 어쩌지? 내 마음속에 화가 난다. 이걸 어쩌지? 이렇게 하지 말아요. 물건을 많이 가진다고 더 가지고 싶은 생각이 없어지느냐 하면 그렇지 않습니다. 물건이란 가지면 가질수록 더 갖고 싶어지는 겁니다.

내가 미국 있을 때, 우리 학교 영문과에 있었던 범 가드너라고 하는 할머니 집에 간 적이 있었습니다. 혼자 사는데 꽤 큰 집을 쓰고 있었습니다. 그곳에 가보니까 뭘 그렇게 많이 장만했는지 꽉 차 있어요. 그렇다고 만족하느냐면 그렇지 않아요. 미국에 도둑질하는 아이들이 자기 집에 돈이 없어서 하는가 하면 그게 아닙니다. 자동차를 훔치다가 들켰다고 해서 자기 집에 자동차가 없느냐 하면 있습니다. 있는데 더 가지고 싶다 이거지요.

칼라일이 그랬지요. 우주의 절반을 주면 만족하는가. 아니에요. 다 갖겠다고 해요. 욕심은 끝이 없습니다. 물질세계란 유한한 겁니다. 이 무한한 문제를 유한한 것으로 해결할 수는 없습니다. 무한을 가지고서야 해결할 수 있어요. 이 무한한 것이 '정신'입니다. 우리의 정신이 풍부해지면 물질이 많건 적건 그것이 문제가 아니에요. 그러니까 정신의 풍부를 가지고 물질을 해결해야지 그것의 풍부 없이 물질을 해결하려 해서는 안 됩니다.

아까 미워한다는 말을 했지요. 우리가 혼자 살 수 있습니까. 전부 남의 신세를 지고 살지요. 요새 말로 '사회적 동물'이라는 거예요. 농사지어 주는 사람이 없으면 우리가 밥을 먹을 수 있습니까. 장사하는 사람, 공장에서 일하는 사람 없이 옷 입고 살 수 있습니까. 서로가 다 신세를 지고 사는 것입니다. 남 없이 어떻게 삽니까. 우리가 '나'라고 하는 '나'는 어떻게 형성이 됩니까. 남 때문에 내가 있는 거지요. 남 없으면 내가 없어요. 이렇게 생각하면 '남'이란 다 고마울 뿐이지 사실은 미워할 수가 없는 거예요.

그러니까 우리가 사회 전체를 볼 때 이런 생각을 한다면 세상에 누구한테라도 다 고마울 뿐이지 누구를 미워한다든가, 모른 척한다든가, 무관심할 수가 없는 겁니다. 누구한테도 고맙게 여기면서 살아야지요. 우리가 사회라는 전체를 볼 수 있는 눈을 가질 때, 그런 생각을 가질 때, 남에 대해서 감사할 뿐이지 미워할 수는 없습니다. 그러니 남과 나의 문제도 물질적으로만

따지려 하면 해결이 안 되지요. 그러나 정신적으로 따지게 되면 '남'은 '남'이 아닙니다. '남'이 결국에는 '나'인 것입니다. '남'이라는 것은 곧 '나의 완성'이지요. '나' 자 밑에 'ㅁ'이 있는 것, 이것이 '나의 완성'이에요. 그 완전한 남 때문에 불완전한 내가 살고 있는 겁니다.

어떤 의미로는 남은 우리 부모님과 마찬가지입니다. 옛날에는 우리 어머니가 나를 젖 먹였지만 지금은 농사꾼이 나를 젖 먹입니다. 농사꾼은 어머니에요. 옛날에는 아버지가 글을 가르쳐 주셨지만 요새는 선생님이 가르쳐 줍니다. 선생님이 아버지이지요. 이렇게 보면 그분들 모두가 나를 낳아준 부모나 마찬가지예요. 부모를 어떻게 미워합니까. 인간관계는 정신적으로 해결해야 합니다.

정신적인 문제이니까 속이는 문제도 그래요. 내 체면을 위해서, 나를 지키기 위해서 거짓말을 합니다. 그러나 사실 '나'라고 하는 것은 형편없는 거예요. 그 '나'를 위해 우리가 자주 이기적으로 되는 것인데, 나만 잘살겠다고 해서 나만 잘살고, 내 체면을 유지하겠다고 해서, 내 체면만 유지한다고 해서 내 체면이 유지됩니까. 그렇지 않아요. 나라는 것이 성숙하게 되면 거짓말이 없어집니다. 내가 대아大我가 되는 것이지요. 거짓말 자주 하는 것은 못나서 그러는 것이지, 성숙해지면, 잘나게 되면 거짓말은 할 수가 없는 겁니다. 우리가 성숙해서 어른이 되면 사실 그대로를 말하지 왜 거짓말을 하겠어요. 거짓말하는 것은 정신이 미숙해서 그래요.

남녀 문제라고 하는 것도 우리가 정신적으로 조금 풍부해지면 저절로 해결할 수 있는 겁니다. 석가가 이런 말을 했어요. "세상 사람들의 성욕은 대단히 강하다. 만일 이 성욕이 두 배만 더 세었다면 세상은 구원받을 수 없을 것이다." 그러나 사람이 깨면 정신적으로 능히 육체를 지배할 수가 있게 됩니다. 그러니 정신이 높아지면 저절로 해결할 수가 있어요. 예수님께서 음욕을 품은 사람은 이미 간음한 것이라고 하셨는데 그렇지 않은 사람이 어디 있을까라는 생각도 하겠지만 정신이 차차 성숙해지고 높아지면 이성을 보아도 전혀 음욕이 일어나지 않는 단계가 됩니다. 안 될 것 같습니까. 됩니다. 그러니까 언제나 정신의 성숙, 정신의 풍부, 정신의 자각, 정신의 초월, 즉 초월적인 정신을 가지면 남녀를 초월할 수 있습니다. 예수님처럼 살 수 있어요. 초월하지 못하면 자유가 어디 있습니까. 초월하고 살 수 있으니까 자유이지요.

예수께서 "하나님이 온전하신 것처럼 너희도 온전하라"고 하셨지요. 온전할 수 있으니까 온전하라고 하신 것이지 할 수 없는 것을 하라고 강제로 명령하셨겠습니까. 나는 사실 '온전하라'는 말보다 "사람은 본래 온전하다"라고 말하고 싶습니다. 인간은 본래 온전한 것이지, 이제부터 노력해서 온전하게 되는 것이 아닙니다.

　우리가 어린아이였을 때 사내아이가 여자아이를 보고 음욕을 품는 것을 본 일이 있습니까. 없지요. 그러나 우리가 종족 본능 때문에 잠깐 그런 시기를 갖게 되는 것이지요. 이 시기가 지나면 다시 어린애같이 될 수가 있습니다. 예수님께서 "너희가 어린아이와 같지 않으면 천국에 갈 수 없다"고 하신 말씀은 온전한 사람이 되라는 말이지요. 종족 본능 때문에 부득이 남자가 되고 여자가 되고, 또 남편이 되고 여편네가 되고, 결국 반편이 되지만 당분간 반편으로 살다가 온전해지는 것이지 온전하게 안 되는 것이 아닙니다. 그러니 온전해져라, 그럴 것도 없어요.

　어떻게 하면 남녀 문제를 초월할 수 있습니까. 육체를 가지고 하려면 안 되지요. 무엇을 가지고 초월해야 합니까. 정신을 가지고 하면 능히 할 수 있습니다. 하나님이 온전하신 것처럼 우리도 온전할 수 있습니다. 하나님만 온전하고 우리는 온전하지 않다, 그럴 수는 없어요. 그러면 기독교가 아니지요. 온전할 수 있으니까 기독교 아니겠어요?

　그러니까 우리는 자신을 가져야 합니다. 살도음이 없게 되지요. 그뿐입니까. 탐진치도 없게 됩니다. 없게 할 수가 있어요. 왜? 우리에게는 본래 이런 것이 없었습니다. 본래 사람은 귀가 막힌 것도, 코가 막힌 것도, 눈이 막힌 것도 아닙니다. 뚫려 있는 거지요. 다 뚫려 있어요. 사람은 본래 온전한 것이지, 온전하게 하라, 그게 아닙니다.

하나님이 온전한 것처럼 우리도 온전한 것입니다. 성경에 하나님의 형상대로 우리를 만들었다고 했지 않습니까. 하나님 형상이 뭐예요. 온전하신 것이 아니겠어요. 우리도 그대로를 받은 거예요. 그것을 여러분이 믿어야 합니다. 내가 온전하다는 것을 믿는 것, 그게 믿음입니다. 그것을 믿지 않고는 믿음이 아니지요. 정신적으로 풍부해질 때 온전해질 수 있습니다.

그렇게 되면 나도 살고, 이웃도 사는 거지요. 이웃이 사는 것, 그것을 사랑이라고 합니다. 이웃을 내 몸같이 사랑한다는 것은 높은 이상이라서 못하는 것이 아닙니다. 이웃을 내 몸같이 사랑할 수 있습니다. 내가 온전해지면, 이웃도 온전해집니다. 모두 온전하게 되는 거예요. 자유와 평등, 박애지요. 하나의 이상이기 때문에 현실로 될 수 없다는 것이 아니라 되는 겁니다. 무엇으로 되느냐 하면 정신으로 되는 거예요.

정신은 어디서 올까요. 그 근원을 우리는 하나님이라고 합니다. 하나님께로부터 온 정신을 가지고 할 수 있다는 거지요. 그러니 "이웃을 네 몸과 같이 사랑하라" 하기 전에 무엇이 있는가 하면 "하나님을 사랑하고"가 있어요. 그것은 하나님께로부터 정신을 받아서 이웃을 내 몸과 같이 사랑하라는 거지요. 하나님이라는 제일의 계명 때문에 우리는 정신을 가질 수 있게 되고, 정신을 가졌기 때문에 물질을 이길 수 있고, 물질을 이길 수 있기 때문에 우리는 온전할 수 있게 되는 것입니다.

권리의 포기

1981년 11월 15일

마태복음 6:5~15

하늘에 계신 우리 아버지, 온 세상이 아버지를 하나님으로 받들게 하시며, 아버지의 나라가 오게 하시며, 아버지의 뜻이 하늘에서와 같이 땅에서도 이루어지게 하소서. 오늘 우리에게 필요한 양식을 주시고 우리가 우리에게 잘못한 이를 용서하듯이 우리의 잘못을 용서하시고 우리를 유혹에 빠지지 않게 하시고 악에서 구하소서. 나라와 권세와 영광이 영원토록 아버지의 것입니다. 아멘.

주기도문은 초대 교회의 신앙의 핵심이고, 현대 교회에 있어서도, 또 앞으로도 영원히 우리 믿음의 핵심이 될 것입니다.

주기도문 맨 첫 구절, 하나님의 이름을 거룩하게 한다는 말, 우리가 예배 볼 때 맨 처음에 찬송을 부르는데, 하나님의 이름을 거룩하게 하기 위해서 찬송을 부르는 거지요.

그리고 찬송을 부른 다음에 기도를 하는데, 기도는 "나라가 임하옵시며" 하는 기도입니다. 우리가 이렇게 저렇게 말하는 것은 다르지만 그러나 모든 기도는 한마디로 "하나님의 나라가 이루어지이다" 하는 것입니다.

그다음에 성경을 보지요. "뜻이 하늘에서 이루어진 것같이" 그것이 성경입니다. 성경에는 하나님의 말씀과 뜻이 들어 있습니다. 그리고 제가 지금 설교를 하는데 설교의 내용도 "뜻이 하늘에서 이루어진 것같이 이 땅에서 이루어지다"입니다. 그러니까 하나님의 말씀을 땅에 실현시키기 위해서 될 수 있는 대로 현대 감각에 맞게 하나님의 말씀을 풀어 보는 겁니다.

여러분이 지금까지 주기도문을 외었는데 그 주기도문이 무슨 뜻입니까. 우리는 왜 찬송을 부릅니까. 왜 기도를 합니까. 왜 설교를 합니까. 하루 이틀도 아니고 계속해서 이렇게 해 오는 것은 우리가 예배 속에서 주기도문을 한번 이루어 보는 것입니다. 그래서 예배를 보는 것입니다.

맨 처음에 성경을 봐도 되지 않느냐고 할 분도 있겠지요. 그러나 예수님께서 가르치시길 "하나님 이름을 거룩하게 하옵시며"라고 했기 때문에 찬송을 먼저 부르고, "나라가 임하옵시며" 그래서 다음으로 기도를 하게 되고, "뜻이 하늘에서 이루어진 것같이" 그래서 성경을 보게 되고, "이 땅에서도 이루어지이다" 그래서 설교를 듣게 되는 것입니다.

그래서 찬송은 언제나 입으로 부르게 되고, 기도는, 사실은 입으로 하는 것이 아니라 코로 한다고 생각을 합니다. 그리고 눈으로 성경을 보고, 귀로는 설교를 듣게 되어 있지 않습니까. 하나님이 우리를 만들 때에 그렇게 만드신 겁니다. 입으로는 찬송을 부르고, 코로는 기도를 하고, 눈으로는 성경을 보고, 귀로는 설교를 듣게, 그래서 그런 순서로 예배를 보는 것입니다.

오늘의 설교 제목은 〈권리의 포기〉입니다.

"내게 빚진 자를 용서해 준 것처럼 제 빚을 용서해 주십시오"라고 된 성경도 있습니다. 빚을 준 자는 곧 채권자입니다. 돈을 빌려 주었는데 갚지 않을 경우 채권을 행사할 수 있습니다. 재판소에 고발하면 재판소에서 집달리가 나가 집행을 해서 돈을 받게 해 주는 것을 채권이라고 합니다. 옛날 성경에는 '채권 포기'라고 되어 있는데 전체적인 권리라고 하는 것이 알기 쉬울 것 같아서 '권리'라고 했습니다.

"지금까지 내 빚을 잔뜩 졌다. 그러나 이제 안 갚아도 좋다." 그것이 채권의 포기입니다. 성경에도 그런 내용이 있습니다. 어떤 사람이 내게 백만 원을 빚졌는데 나는 그 사람에게 빚을 안 갚아도 좋다고 채권을 탕감해 주었다. 그런데 그 사람한테 만 원을 빚진 사람이 있었는데 그것을 가서 악착스럽게 받아 냈다. 그 말을 듣고 백만 원을 포기하지 않을 뿐만 아니라 이자까지 가산해서 받았다는 내용입니다. 예수님께서는 우리의 죄를 용서해 준다는 말을 언제나 채권을 포기해 준다는 것으로 비유하셨습니다.

권리라고 하는 것은 언제 생기는 것입니까. 일을 하면 돈 받을 권리가 생깁니다. 그런데 그 권리가 생겼는데도 불구하고 돈 안 받아도 좋다, 라고 하면 이것을 공산주의에서는 공산세계라고 합니다. 일을 했는데 돈은 안 받아도 좋다. 공산주의 세계에서 제일 소원하는 이상입니다. 여러분 다 아시겠지만 마르크스가 사회주의와 공산주의를 말할 때, 사회주의는 힘 있는 만큼 일하고, 일한 만큼 받는다. 공산주의는 힘 있는 만큼 일하고, 필요한 만큼 쓴다고 했습니다. 공산주의자들은 힘 있는 만큼 일하고, 필요한 만큼 쓰는 것을 '이상 국가'라고 합니다. 우리로 말하면 하나님 나라이지요. 하나님 나라가 어떠한 나라인가. 힘 있는 만큼 일하고 받지 않으며, 돈이 필요한 사람은 일 않고도 더 쓴다. 받지 않을 뿐만 아니라 내 돈을 내어준다는 것입니다.

현실적으로는 가정이 그런 세계입니다. 내가 지금 우리 가정의 가장입니다. 나는 집에서 대개 아침 7시 30분에 나와서 저녁 5~6시에 돌아가는데 그동안 내내 바쁘게 지내요. 여러분은 일요일에 교회에 11시에 오면 되지만 나는 9시 전에 와서는 불 때는 것도 감독을 하고, 여러 가지 정리를 합니다. 우리 집에서도 나는 집을 위해서 열심히 일하지요. 그런데 열심히 일하고 나는 집에서 밥 한 끼 얻어먹는 것입니다.

그러니까 내가 일하여 받은 월급 속에서 내가 먹는 돈은 몇 푼 안 될 겁니다. 힘 있는 만큼 일을 하지만 받지는 않는다는 것이지요. 난 대학교회에 와서 송 장로님과 여러 번 싸웠습니다. 싸우는 이유는 송 장로님은 날더러 월급이라도 뭘 좀 받으라는 거지요. 그리고 나는 교회에서는 절대 안 받겠다는 거지요. 그런데 왜 안 받겠다고 하는 것인가 하면 내가 우리 집에서 일했을 때 집사람이 날더러 "당신 월급 좀 받으세요" 그러면 내가 우리 집 사람한테 월급 받겠어요? 이건 내 교회인데 여러분도 다 여러분 교회라 생각하지 않습니까. 여러분이 여기서 뭐 받는 것 있습니까. 여러분이 받는 것 없으면 나도 받는 것이 없어야지요. 만일 여기서 내가 돈 한 푼이라도 받으면 이게 내 교회가 되겠습니까.

김동길 선생님에게도 여기 와서 성경 강의해 달라, 설교해 달라고 하면 조건이 붙습니다. 일체 돈 안 받는다는 거지요. 김동길 선생님은 지금까지 6년 반을 성경을 강의하고 설교하지만 돈을 받아 본 일이 없습니다. 안병무 선생님도 한 달에 한 번 왔었지요. 그러나 강사료는 없었습니다. 우리 교회의 특징이 그것입니다. 나는 여러분이 내는 헌금을 우리 교회 안에서는 쓰지 말자고 합니다. 그것을 아직도 예수를 모르는 아프리카나 남아시아에 있는 사람들에게 전도하는 일을 위하여 보내 주자는 것입니다. 그리고 부활절 헌금은 고아원에 보내 주자는 거지요.

요다음이 추수감사절인데 전 같으면 과일 두 알씩을 드렸는데 이번에는 우리가 먹는 것보다 고아들이 먹는 것이 좋지 않겠느냐고 해서 이다음에 여러분이 먹을 것을 미리 고아원에 갖다 드리려고 합니다. 여러분이 내는 돈은 될 수 있는 대로 고아원에 갖다 주어야지요.

이번 여름에도 날더러 휴가를 가라고 돈을 줘요. 아니 내가 무슨 휴가가 필요합니까. 교회를 위해서 수고하는 여러 사람에게 다 나눠 주었어요. 한 푼도 안 받겠다는 것, 이것이 내 생각입니다. 이것은 내 교회이니까, 우리 집에서도 내 집이니까, 일하고 돈을 받지 않습니다. 받지 않을 뿐만 아니라 집에 필요한 일이 있으면, 더 내야지요. 이것이 곧 권리의 포기입니다. 내가 여기 가만히 앉아 있으니까 여러분이 나는 헌금 안 하는 것 같지요. 그러나 그렇지 않습니다. 여러분보다 더 합니다. 그리고 여러분이 추수감사절 헌금할 때도 나는 가만히 앉아서 안 내는 것 같지만 여러분보다 더 많이 냅니다. 우리가 전도비라도 보내려면 한 푼이라도 더 많이 보내 주어야지요. 그러니까 일은 하고, 받지는 않고, 그러면서도 필요할 때는 더 많이 내고, 이것이 우리의 신앙생활 아니겠습니까.

일은 하지만 받지는 않는다는 것은 가정 속에서 이루어지는 것인데 마르크스도 유태 사람으로 상당히 가정적인 사람입니다. "언제나 부모를 공경하라." 이것이 유태인들의 십계명의 제

5조거든요. 자기 가정을 상당히 위해요. 마르크스도 자기 아내와 딸을 얼마나 사랑했는지 모릅니다. 그가 공산주의의 이상을 어디서 찾았느냐 하면 가정에서 찾은 것입니다. 온 나라가, 온 세계가 가정처럼 되면 되겠다는 것입니다. 기독교인의 이상이나 마찬가지지요.

우리 기독교에서 "하나님 아버지시여" 하는 것이 무엇입니까. 교회란 하나의 가정입니다. 가정이니까 우리가 힘껏 일하는 거지요. 찬양대도 얼마나 애씁니까. 찬양대가 잘했다고 나는 칭찬도 안 합니다. 저희들끼리 잘하지요. 수고했다고 뭘 주는 것도 없어요. 이건 전부 하나님을 찬양하는 거지 다른 의미가 있는 것이 아닙니다. 힘껏 일하고 안 받는 거지요. 이것이 하나님의 나라입니다.

그러니까 "뜻이 하늘에서 이루어진 것같이 땅에서도 이루어지이다." 이 말은 우리가 하나님의 뜻을 이루기 위해서 힘껏 일한다는 것입니다. 기도도 맨 처음에는 마음으로 하고, 다른 사람과 같이 할 때는 입으로 하지만 역시 참 기도는 몸으로 해야지요. 그것이 진짜 기도입니다. 우리가 행동으로 기도한다는 것은 하나님의 뜻대로 산다는 것입니다.

오랫동안 신앙생활을 하다보면 자기가 하여야 할 일이 무엇인가를 차차 알게 됩니다. 공자도 '오십지천명五十知天命'이라, "하늘의 뜻이 내게 무얼 원하는지 알게 된다"고 했습니다. 하나님의 뜻이 무엇인지를 알게 되는 겁니다. 그 뜻을 실행하기 위해서 내가 내 최선을 다해서 실천하는 것이지요. 그렇게 실천하는 것이 진짜 기도입니다. 마음으로만, 입으로만은 기도가 되지 않습니다. 내가 실천을 하면 사실은 말과 속으로는 하지 않아도 되는 것입니다.

기도의 궁극 목적은 기도 안 하는 것입니다. 그렇게 실천하면서 살면, 내 생활 전체가 하나의 기도가 되는 것입니다. 바울 선생의 항상 기도하라는 말처럼 사는 것 전체가 기도가 되는 것입니다.

하나님의 뜻을 실천하려고 최선을 다한다. 그러나 실천하는 데 있어서 내가 일체 받지 않는다. 내 나라이니까. 하나님의 나라가 내 나라이니까. 이것이 곧 "나라가 임하옵시며"입니다. 내가 거기에 속해 있으면 내가 하나님의 나라로 가는 것이 아니라 내가 하나님 나라에 속해 있는 것입니다. 우리가 신앙생활을 계속해 보면 내가 하나님의 나라에 속했는지, 이 땅에 속했는지 알게 됩니다.

내가 하나님의 나라에 속했다고 하면 아무 걱정과 근심과 불안이 없어집니다. 하나님의 품 안에 내가 있는데 무슨 걱정이 있습니까. 그러니까 하나님의 나라를 위해서 일하면 받을 필요가 하나도 없게 됩니다. 이것이 내 나라이니까.

우리나라 젊은이들이 나라를 위해서 일선에 나가 일하면서 받는 것이 뭐 있습니까. 거저지요. 이건 내 나라이니까. 집도 내 집이지요, 나라도 내 나라입니다.

그리고 우리에게 또 한 가지 있는 것이 하나님 나라입니다. 하나님의 나라는 영원한 나라입니다. 이 땅에서는 내가 몇 살까지 살고 죽지만 하나님의 나라에서는 죽음이라는 것이 없습니다. 지금도 하나님 나라에 살고 있고, 이다음에도 하나님 나라에 살아 있을 것입니다. 우리는 죽어서 천국에 간다고 하지만 사실은 지금도 천국에 속해 있는 것이지요.

그래서 그런 인연을 '천국'이라는 말로 표현하지 않습니까. 천당이 아니라 천국이다. 하나님 나라가 가까웠다. 예수님도 하나님의 나라는 여기에 있다고 했습니다. 이것은 예수는 이미 하나님 나라에 속해 있었다는 말입니다. 예수님만 하나님 나라에 속해 있는 것이 아닙니다. 우리도 하나님 나라에 속해 있는 것입니다. 그러니까 우리도 하나님 나라를 위해 최선을 다해 일하지만 그것에 대해 받을 생각은 일체 없다는 겁니다. 바울이 죽도록 전도를 하면서 받은 것이 있었습니까. 예수님께서 전도하시면서 하나라도 받은 것이 있었습니까. 아무것도 없습니다. 제 나라, 제 집을 위해서 일하는 건데 받기는 뭘 받습니까.

그런데 요새 교회에는 받는다는 생각들이 많고, 거저라는 것이 적어지는 것 같습니다. 그래서 오늘 「주보」에 이런 말을 썼습니다.

세상에는 거저가 자꾸 없어져 가는 것 같다. 병원에 가도 돈, 극장에 가도 돈, 학교에 가도 돈, 교회에 가도 돈, 어디나 돈이다. 햇빛이 거저요, 달빛이 거저요, 바람이 거저요, 비가 거저이듯이, 인술과 예술과 스승과 복음은 모두 거저라야 한다.

그런데 세상에는 왜 이렇게 거저가 없을까. 돈 세상이요, 돌은 세상이다. 거저가 한없이 그립다. 밥 먹을 때도 거저 먹고, 잠잘 때도 거저 자고, 공부할 때도 거저 하고, 일할 때도 거저 하고, 날 때도 거저 나고, 죽을 때도 거저 죽는다면 얼마나 좋을까. 땅 위에는 거저가 없는 것 같다. 하늘에나 가야 거저가 있을까. 거저의 세계가 없다면 세상에는 믿음도 없고, 사랑도 없고, 소망도 없을 것이다. 믿음의 세계란 거저의 세계요, 사랑의 세계도 거저의 세계요, 소망의 세계도 거저의 세계다. 하늘나라가 가까이 왔다고 하지만 거저의 세계는 어디나 하늘나라다. 거기에는 거저가 있기 때문이다.

어떻게 하면 영생을 얻을 수 있겠느냐고 묻지만 거저가 있는 곳에 영생이 있다. 사람은 유한을 가지고 무한을 낚으려고 하지만 그것은 망상이다. 유한은 유한이고, 무한은 무한이다. 거저의 세계는 무한의 세계이다. 거저는 거저 얻어지는 것이지 사람의 힘으로 살 수 있는 세계가 아니다. 사람의 힘으로 살 수 있는 세계는 유한한 세계뿐이다. 천국이 여기 있다 저기 있다 하지 말라. 천국은 거저

속에 있다. 거저가 한없이 그립다. 주고파서 주고, 받고파서 받는 거저의 세계, 그것이 아무리 적어도, 그것이 내 삶의 고향이리라.

내 삶, 내 고향이니까 거저지요. 그리고 하나님께 필요한 만큼 바치는 것이 있어야겠어요. 그런데 '거룩하게 하옵소서'가 뭔가 할 때 여러 해석이 나오겠지만 나는 그것을 한마디로 하나님께 바치는 것이라고 생각합니다. 바울 선생님이 로마서 12장 1절에 "너희 몸으로 하나님께 산 제사를 드려라. 그것이 거룩한 예배니라"고 했습니다. 바치는 거지요. 돈 몇 푼 바쳤다는 그것이 문제가 아니고, 내 전체를 하나님께 바쳐서 내가 하나님의 아들이 되어야 하는 것입니다.

더 쉽게 말하면 내가 거룩해지는 것, 그것이 하나님을 거룩하게 하는 겁니다. 하나님이야 본래 거룩하시니까 "더 거룩하게" 할 필요는 없는 것입니다. 문제는 언제나 내게 있는 겁니다. 내가 거룩하지 않으니까 나는 하나님께 바쳐서 나를 거룩하게 만들어야 하는 거지요. 중요한 것은 '나' 입니다.

우리가 하나님 아버지라고 그러는데 하나님 아버지의 '아버지'가 중요한 것은 아닙니다. 우리가 왜 하나님 아버지라고 부르냐 하면 하나님이 나를 '아들'이라 불러 달라는 것이지요. 내가 대통령을 알면 뭘 합니까. 대통령이 날 알아줘야지. 그래야 내가 국무총리라도 할 것이 아닙니까. 마찬가지로 내가 하나님을 알면 뭘 합니까. 하나님이 날 알아줘야지요.

그러니까 믿음이란 하나님이 나를 알아줬다는 것에 대한 확신을 가지는 것입니다. "아, 하나님이 날 알아주시는구나. 가끔 하나님은 내 귀에 대고 말씀을 해주신다" 이런 확신입니다. 아브라함에게는 언제나 하나님이 말씀을 해 주신다. 이것은 하나님께서 아브라함을 알아준다는 말입니다. 여러분들도 믿음의 생활을 계속하면 하나님께서 나를 알아줍니다. 그 알아주는 것이 깊어 가면 우리의 믿음이 깊어진다는 말을 쓰지 않을 수가 없습니다.

신학자 바르트(Karl Barth)가 "하나님은 말씀하신다. 설교란 하나님의 말을 듣고 전하는 것뿐이다"라는 말을 했습니다. 내가 공부해서 여러분에게 설교한다면 그건 설교가 못 됩니다. 설교는 하나님의 말씀을 듣고 그것을 전하는 것입니다. 하나님의 말씀을 듣는다는 것, 그것은 하나님이 나를 알아주는 것입니다. 알아주는 세계, 그 세계가 좋은 세계입니다.

요전에 다신론 얘기를 했는데 오늘은 범신론, 무신론 얘기를 하려고 했습니다. 주기도문은 요전에 십계명에서 왔다고 했습니다. 십계명 1조는 "나 이외의 다른 신을 섬기지 말라"는 것으로 다신론에 대한 반대입니다. 둘째는 "우상을 섬기지 말라." 그것은 인간신, 수호신 등의 범신론에 대한 반대입니다. "아버지 이름을 망령되이 부르지 말라"는 것이 3조인데 이것은 무신론에 대한 반대입니다.

예수님께서는 이 3조를 1조에 갖다 놓았습니다. "하나님의 이름을 망령되이 하지 말고 거룩하게 하라." 무신론에 대한 반대입니다. "나라가 임하게 해 달라." 그 나라의 주인이 하나님입니다. 그러니까 "하나님 외에 다른 주인을 섬기려 하지 말라"는 일신론 사상입니다. 일신론은 다신론에 대한 반대입니다. "세상을 섬기지 말라." "뜻이 하늘에서 이루어진 것 같이 이 땅에서도 이루어지이다."

우상 섬기는 것이 무엇인가. 여기 예수의 사진을 걸어놓고 절한다. 우상을 섬기는 거지요. 그런데 여기에 예수의 사진을 걸어놓고 보기만 하지 절대 절은 안 한다. 그러면 우리는 뭘 하나. 예수의 뜻을 이루기 위해서 일하는 거지요. 뜻을 이루게 되면 주기도문인데 뜻은 이루지 않고, 사진에 절만 하면 우상을 섬기는 겁니다. 이 우상 섬긴다고 하는 것, 그것이 범신론입니다. 불교와 기독교를 비교해보면 불교는 범신론입니다. 절간에 가면 자꾸 절하지요. 석가는 사실 내가 죽은 후에 내 모양 만들어 놓고 절하지 말라고 했는데 제자들이 너무 절을 해서 지금 이름이 절간이 됐습니다. 그러니까 선생님의 말씀과는 정반대가 되고만 것입니다.

십계명이나 주기도문은 같은 것입니다. 다신론에 대하 반대, 범신론에 대한 반대, 무신론에 대한 반대, 그것이 우리 기독교의 신앙이라는 것입니다. 이것을 제일 강조한 사람이 철학자 키에르케고르입니다.

힘껏 일하고 필요한 만큼 쓰는 사랑의 세계, 그런 사랑의 세계에 우리가 속해 있으면 그것이 곧 주기도문의 내용입니다. 권리의 포기란 사랑이란 말입니다.

사랑 속에는 권리가 없습니다.

제 3 부
1982년 설교

스승은

참을 안 사람입니다.

참을 안 사람이 깬 사람입니다.

참을 안 사람은 자기를 이긴 사람입니다.

자기를 이긴 사람이 큰 사람입니다.

산, 큰 사람이 철이 든 사람이요,

철이 든 사람이 산 사람입니다.

스승은 한마디로 큰 사람이요,

깬 사람이요, 산 사람입니다.

그리스도는 어떤 사람일까.

그리스도는

깬 사람이요,

큰 사람이요, 산 사람입니다.

새해 예배

1982년 1월 3일

요한복음 4:21~26

사람들이 아버지께 예배를 드릴 때에 이 산이다, 또는 예루살렘이다 하고 굳이 장소를 가리지 않아도 될 때가 올 것이다. 너희는 무엇인지도 모르고 예배하지만 우리는 우리가 예배 드리는 분을 잘 알고 있다. 구원은 유대인에게서 오기 때문이다. 그러나 진실하게 예배하는 사람들이 영적으로 참되게 아버지께 예배를 드릴 때가 올 터인데 바로 지금이 그때이다. 아버지께서는 이렇게 예배하는 사람들을 찾고 계신다. 하나님은 영적인 분이시다. 그러므로 예배하는 사람들은 영적으로 참되게 하나님께 예배드려야 한다.

새해에는 모두 세배를 합니다. '세배'를 기독교적으로는 '예배'라 할 수 있습니다. 세배는 웃어른에게 하는 것으로 생각되는데 옛사람들은 하나님께 드리는 모든 예배를 세배라 생각했습니다.

퇴계 선생도 말하기를 아침에 하나님께 예배드린다고 했는데 그 당시엔 하나님을 '상제上帝'라 하였습니다. 한문으로는 '대월상제 잠심경외對越上帝 潛心敬畏'라 하는데, 즉 대월상제는 "멀리 높이 하나님을 바라보면서"라는 뜻이고, 잠심경외는 "마음을 가라앉히고 존경하고 두려워한다"는 뜻입니다.

그런데 하나님께 예배 드린다는 것은 기독교에서만 하는 것이 아니라 유교의 퇴계도 그랬지만 모든 사람이 다 하는 것입니다. 이렇게 넓게 생각하는 것이 좋습니다.

영국의 사상가 칼라일은 우주는 '예배당'이고, 이 세계는 '제단'이요, 인생은 '제물'이라 하였습니다. 우주, 이 세계, 인생이 하나로 그 전체가 예배이고, 한 해에 한 번 보면 세배歲拜고, 한 달에 한 번 보면 월배月拜, 한 주일에 한 번은 주배週拜, 하루에 한 번은 일배日拜, 한 시간에 한 번 보면 시배時拜, 그런 식으로 되는 것입니다.

그러니까 우리가 1년 단위로 새해라 생각할 것이 아니라 달마다 새 달이라 생각하고, 또 날마다 새날이요, 시간 시간마다 새 시간이라고 생각하며 사는 것이 참 사는 것이라 할 수 있으니, 하루하루가 새날이고, 하루하루가 새로운 예배라고 생각하는 것이 바람직합니다.

유교 전통에서는 할아버지께 세배를 드리면 절대로 세배를 받지 않았습니다. 요즘에는 사람들이 잘 몰라서 젊은 사람들이

새해 예배 75

절을 하면 같이 받는데 옛날 할아버지는 절대로 같이 절하지 않고 꼿꼿하게 바로 앉아 있었는데, 왜냐하면 젊은 사람들이 하는 절은 자기를 지나서 하나님께로 가는 것이라 생각했기 때문입니다. 그러므로 자기가 받으면 하나님께 가는 절을 가로채는 것이 된다고 생각하여 옛 어른들은 절대로 절을 받지 않았던 것입니다. 그것은 우리나라의 아름다운 전통이었습니다.

아마 올 설날에도 수많은 사람들이 절을 했을 것입니다. 중간에 가로챈 경우는 어쩔 수 없겠지만 제대로 세배를 받은 경우에는 다 하나님께로 갔을 것이라고 생각됩니다. 모든 세배는 다 하나님께 드리는 예배이기 때문에, 또 우리가 드리는 모든 예배가 다 세배이기 때문입니다. 그런 연유로 오늘은 〈새해 예배〉라는 제목을 생각하게 되었습니다.

그런데 오늘날은 '예배'라 하지만 예수님 당시에는, 또 예수님이 오시기 이전에는 예배라 하지 않고 '제사'라 했습니다. 그러니까 그때는 예배당이 아니라 '성전'이라 했으며, 예루살렘 성전에서 제사를 지냈습니다.

그런데 성전에서 지내던 제사를 생각해 보면, 여러분도 알다시피 예루살렘 성전을 짓기 이전에는, 광야에서 모세가 제사지내는 양식을 정해 주었지요. 그 당시엔 사람들이 천막을 치고 살았으므로, 우선 천막으로 넓게 울타리를 쳐서 그곳을 '성역聖域'이라 했으며, 그 성역 속에 다시 울타리를 치고 천막으로 지

붕을 덮고, '성막聖幕'을 쳐서 보통 '성전聖殿' 혹은 '성소聖所'라 불렀습니다. 그 성소 속에 약 3분의 1쯤을 막아서 그곳을 '지성소至聖所'라 했습니다. 그러므로 성역, 성소, 지성소의 셋으로 이루어져 있었던 것입니다.

이제 그 각각을 이루고 있었던 것을 살펴보면, 성역 속에는 소, 양과 같은 제물이 있었으며, 그 제물 옆에는 제물을 불사르는 단이 있었으며, 그 단 앞에는 물을 담은 아주 커다란 대야가 있었습니다. 그 큰 물그릇을 놋쇠, 즉 청동으로 만들었는데 그것은 산에서 캐낸 청동이 아닌 모든 집에서 쓰던 거울 — 옛 신라시대의 청동거울과 같은 부인들이 쓰던 거울 — 들을 모아 녹여서 만든 것으로 그 속에 물을 담아두고 쓰지는 않았습니다.

왜 거울을 녹여 만들었을까요? 일본 사람들의 신궁神宮에도 중요한 3가지를 두었는데 그중 대표적인 것이 거울이었습니다. 내가 일본에 있을 때 일본 이세신궁伊勢神宮이라는 곳에 가 보았습니다. 전쟁 때라 갑자기 공습이 있자 신궁을 지키던 사람들이 모두 도망을 치는 틈에 그 속에 들어가 볼 수 있었는데 그곳에는 큰 거울이 있었습니다. 유태 사람들이 커다란 놋대야를 만들어 그 속에 물을 모아 두었고, 그것이 곧 거울을 상징하는 것이니 재미있는 일치라 하겠습니다.

거울을 상징하는 물대야와 불사르는 제단과 제물이 성역 안에 있었던 것과 같이 성소에도 역시 세 가지가 있었습니다. 성소는 보통 사람은 들어가지 못하고 제사장만이 들어갈 수 있었던 곳인데 그 안에는 제물에 해당하는 떡과 향을 불사르는 향로와 촛불을 켜는 촛대가 있었습니다. 밖에서의 제물이 여기선 떡으로 변했고, 불사르는 제단이 향로로 변했으니 불사른다는 점에선 마찬가지입니다. 또한 태양을 비추는 거울은 이곳에선 빛을 상징하는 촛대로 된 것입니다.

성소 안에 이 세 가지가 같이 있었으며, 아무도 못 들어가는 지성소에도 역시 세 가지가 있었습니다. 지성소에는 '법궤法櫃'라는 궤가 있었는데, 즉 법을 넣은 궤짝인 것입니다. 모세는 시내산에서 하나님께 율법, 즉 십계명을 받아서 법궤에 넣었었습니다. 법궤에는 천사를 조각해서 세워 놓았는데, 천사가 지키는 이 법궤 속에는 십계명이 들어 있었던 것입니다. 그 밑에는 아론의 지팡이가 있었습니다. 이스라엘의 12지파의 족장에게는 다 지팡이가 있었으므로 그 지팡이들을 대표해서 지팡이 하나를 상징으로 넣었던 것입니다. 아론은 모세의 형이었습니다. 그리고 그 밑에는 광야에서 먹을 것이 없었을 때 하나님께서 내려주신 만나가 들어 있었습니다. 그러니까 밖의 제물인 소, 양과 그 다음의 떡, 그리고 만나는 결국 같은 것이며, 또 다른 편의 제단, 향로, 지팡이와 그리고 다른 쪽의 물과 촛불, 촛대와 율법, 이런 모든 것이 서로 연결이 되어 있는 것입니다.

우리나라에서도 제사지낼 때 떡, 향로, 촛대를 쓰고 있다는 점을 생각해보면 유태 사람들이 지내던 제사와 우리가 지내던 제사가 같은 것이라 할 수 있습니다. 향로는 성경에서 언제나 하나님께 드리는 기도를 상징합니다.

그러니까 옛날의 제사는 오늘날 우리가 보는 예배에 해당되는데, 예배는 찬송, 기도, 성경으로 되어 있습니다. 그러고 보면 기도는 향로를 상징하고, 성경과 십계명은 촛대를 상징하고, 찬송은 떡을 상징하는 것으로, 떡과 향로와 촛대가 대신 찬송, 기도, 성경으로 바뀐 것입니다. 그러므로 옛날 제사 지내던 것과 예배 보는 것의 차이점은 물질적인 세계가 정신적인 세계로 바뀐 점입니다. 예수님이 시험받을 때 "떡으로"라는 말에 대해 "떡으로가 아니라 말씀으로"라고 하셨으니 떡이 아닌 말씀으로의 변화인 것입니다.

교회로 말하면 교회 안이 성역에 해당하고, 단을 높여 찬양대도 있는 곳이 성소에 해당하고, 강대상講臺床이 있는 ― 목사님이 설교하시는 ― 곳이 지성소에 해당합니다. 옛날에는 양을 잡아서 목숨을 불살랐지만 오늘은 인생이 제물이라 했듯이 제가 제물에 해당합니다. 목숨을 사르는 것이 아니라 말씀을 사르는 것입니다. 목숨이 변해서 말씀으로 되었고, 차차 제사 지내던 성전이 변해서 예배당이 되었고, 예배당이 차차 변해서 교회가 된 것입니다. 떡으로만 사는 것이 아니라 말씀으로 산다고 하는 것은 물질적인 것이 정신적인 것으로 되었음을 뜻합니다.

여러분 집에서도 제사를 지내는 분이 많을 텐데 우리도 차차 이 물질적인 관념에서 벗어나서 정신적인 관념으로 바뀌어져야 합니다. 그렇게 바뀌면 복잡하게 제사 지내던 것이 매우 단순하게 됩니다. 떡을 만드는 대신에 찬송을 하면 되고, 향불을 피우는 대신 기도를 하면 됩니다.

그러므로 우리의 생활을 자꾸자꾸 정신화시켜 갈수록 우리의 생활은 차츰 간소화되는 것입니다. 그와 동시에 떡 해 놓고 제사 지내는 것이 찬송을 부르는 것과 같다는 점을 인식하게 되는데 그 점이 또한 중요합니다.

일전에 한 의과대학 교수가 42세로, 그리고 오숙경 선생이 47세로 돌아가셨습니다. 그 의대 교수의 장례식 다음날, 오숙경 선생의 장례식이 있었습니다. 오숙경 선생은 기독교인이니까 문제가 없었지만 의대교수 그분은 이화대학 교수니까 이화대학교에서 장례식을 해 주면, 또한 될 수 있으면 교목이 직접 장례식을 치러주면 좋겠다는 유언에 따라 기독교식으로 장례를 치러주었습니다. 그런데 그 쪽 사람들은 기독교인이 아니었으므로 기독교식으로 장례식을 치르니까 한 것 같지가 않은지 자기네들은 그들 식으로 제사를 지내야겠다고 하여 또 제사를 지내느라고 시간이 많이 걸렸습니다. 그런 점을 볼 때 우리는 확실히 알아야만 합니다.

기독교가 제사를 폐지하고 예배를 본다는 것으로 이해를 하면 안 됩니다. 그런 것이 아니라 물질적인 세계가 정신적인 세계로 바뀌는 것입니다. 사람은 떡으로만 사는 것이 아니라 말씀으로 사는 것으로 바뀌는 것입니다. 물질적으로 해결하던 것을 말씀으로 해결하게 된다면 매우 간단해지게 되는 것입니다.

우리 생활을 간소화하기 위해서는 물질적인 것을 자꾸 정신적인 것으로 바꾸어 가야 합니다. 같은 것이지만 정신적으로 말하면 예배인 것으로 물질적으로 말하면 제사입니다. 그러므로 제사 드리는 것에 꼭 갖추어야 될 것은 아무것도 없습니다. 제사는 물질적인 형식으로 하는 것에 비해, 예배 보는 것은 정신적인 형식으로 하는 것입니다. 그 속에는 다 통하는 점이 있으며 이것은 좋고 저것은 나쁘다고 말할 수 있는 것이 아닙니다. 예배를 드리든지, 제사를 지내든지, 무엇이든지 다 모르고 하면 우상이 되고, 알고 하면 다 신앙이 됩니다.

우리 처갓집에서는 아직도 제사를 지내는데 그들이 유교를 믿기 때문이고, 우리 집에서는 예배를 보는데 우리는 기독교도이기 때문입니다. 그런데 그들의 제사를 옆에서 지켜보면 옛날 유태 사람들이 제사 지내던 것과 절차가 비슷합니다.

그러니까 문제는 '정성'입니다. 예배를 볼 때도 정성이 있어야지 없으면 안 됩니다. 제사를 지낼 때도 정성으로 드려야 합니다. 그런데 새 시대에 사는 사람들은 될 수 있으면 물질적으로 생각하던 것을 정신적으로 생각할 수 있는 발전이 있어야 한다고 생각합니다.

제사 지내는 것은 매우 복잡합니다. 옛날 사람들은 떡 하는 것만도 복잡한데 또 소를 잡았습니다. 소를 끌어다가 잡았을 뿐 아니라 소의 피를 뽑아서 사람들에게 다 뿌렸으니 그 결과 피 묻은 옷을 빨아야만 하는 등 복잡했습니다. 그런데 옛날 사람들은 당연히 그렇게 해야 하는 것으로 알았으므로 그대로 했던 것입니다.

그러나 예수님이 오셔서 너희가 지금까지 제사를 지내왔지만 그렇게 제사 지내는 것이 아니다. 성전을 헐어버리라는 말씀을 하셨습니다. 또 예수님이 십자가에 매달리셨을 때 성전의 장막이 찢어졌다는 말도 있습니다. 성전을 헐어버리고 이제부터는 예배를 보자는 것이지요.

요한복음 4장에 "신령과 진리로 예배를 보자"는 말이 있습니다. '신령과' 하는 말은 기도 드리는 것을 뜻하고, '진리로' 하는 말은 성경을 보는 것이니 향불을 피우는 대신 기도를 하면 된다는 것입니다. 그렇게 되면 퍽 간단해집니다. 우리로 하여금 새 시대에 맞게끔 살도록 한 것입니다. 새 시대에 사는 사람처럼 살려면 정신적인 혁명을 일으켜야 합니다. 옛날 것은 그만두라는 것이 아닙니다. "나는 율법을 폐지하러 온 것이 아니고 율법을 완성하러 왔다"고 했습니다. 제사를 폐지하라는 것이 아니라 완성한다고 할 때 완성한다는 것은 정신적으로 전환시킨다는 것입니다. 제사 지내는 것이나 예배 보는 것이 그 뜻을 깊이 알면 같은 뜻인데 예배가 더 새롭고, 더 새 시대에 맞는다, 라고 생각해야지요.

그러면 예배 본다는 것이 무엇인가.

사람이 뭉치면 삶이 되고, 삶이 터지면 사람이 된다. 마치 애벌레가 뭉치면 고치가 되고, 고치가 터지면 나비가 되듯이 자아가 통일되면 자연이 되고, 자연이 해탈하면 자유가 된다. 인생은 땅을 헤매다 땅에 지옥을 경험하고, 하늘을 쳐다보고 천국을 그리워한다. 이때에 땅에서 하늘을 이어주는, 높은 동산 위에 우렁찬 나무가 생명나무다. 생명의 푸른 나무는 영원히 죽지 않는다.

자연은 영원한 불이어서 태양처럼 꺼지지 않는다. 자연은 나 없는 무아의 세계다. 자아의 지옥에서 헤매던 사람은 무아의 연옥에서 속죄함을 받지 않으면 대아의 천국에 들어갈 수가 없다.

예배는 소아가 대아로 되기 위하여 한번 건너가야 하는 무아의 다리이다. 이 다리를 건너가기 위하여 수많은 찬송과 기도와 성경과 설교가 거듭되어 왔다.

사람은 살아서 사람이 된다. 사는 것이 자연이요, 사는 것이 예배다. 그 가운데 희열이 넘치는 찬송이 있고, 눈물의 바다를 다루는 참회가 있고, 진리를 동경하는 맑은 사색이 있고, 정의를 위해 싸우는 장엄한 고난이 있다. 예배는 무아의 경험이요, 대아로 가는

다리요, 사랑으로 가는 것이다. 사람은 예배를 거쳐 하나님께로 가는 것이다.

나무가 자라서 낭기가 되듯 사람은 참삶을 통해서 사랑이 된다. 사랑은 곧 하나님이요, 참삶은 그리스도다. 사람은 그리스도를 통해 참삶이 되고 하나님의 사랑을 드러내는 아들이 된다. 더러운 물이 고요하게 가라앉아 맑은 물이 되듯이 사람은 삶을 통해 사랑이 된다. '사람, 삶, 사랑'

예배는 소아小我가 대아大我가 되는 과정이라고 할 수 있습니다. 또는 예배를 전체적으로 찬송, 기도, 성경으로 볼 수도 있습니다. 찬송은 어린애가 노래를 부른다는 것, 기도는 나라는 것이 없어진다는 것입니다. 기도할 때는 눈뜨고 하는 사람이 없으니 눈감고, 나라는 것이 없어지는 세계, 무아無我의 세계가 되는 것입니다. 성경은 하나님의 말씀, 대아의 세계입니다.

로마서 12장 1~2절에 "그러므로 형제 여러분, 하나님의 자비가 이토록 크시니 나는 여러분에게 권고합니다. 여러분 자신을 하나님께서 기쁘게 받아주실 거룩한 산 제물로 바치십시오. 그것이 여러분이 드릴 진정한 예배입니다. 여러분은 이 세상을 본받지 말고 마음을 새롭게 하여 새 사람이 되십시오. 이리하여 무엇이 하나님의 뜻인지, 무엇이 선하고 무엇이 그분 마음에 들며 무엇이 완전한 것인지를 분간하도록 하십시오"라는 부분은 예배에 관해서 제일 잘 기록된 부분입니다.

첫째 중요한 것은 "제 몸으로 하나님께 산 제사를 드리라"인데, 그것이 진짜 영적 예배라는 것입니다. 둘째는 "이 세상을 본받지 말고 마음을 새롭게 하여 새 사람이 되십시오"로 옛날 번역으로는 이 세계를 본받지 말고 변화함을 얻어 새 사람이 되라는 것입니다. 셋째는 "하나님의 선하시고 기뻐하시고 온전하신 뜻이 무엇인지 분별하도록 하십시오"라는 것이 떡과 향로와 촛대입니다.

소아를 몸으로 산 제물, 즉 떡이라 하면 새 사람이 되라는 것이 향로이며, 모든 것을 분별하도록 하라는 것이 촛대입니다. 쉽게 말하면 지知, 정精, 의意이니, 제물을 바치라는 것은 의지의 세계이고, 기도하는 것은 정의 세계고, 촛불을 켠다는 것은 지의 세계입니다. 더 쉽게 생각하면 경제, 정치, 문화이니 제물을 바치는 것은 경제이고, 향로를 사르면 정치이고, 촛불을 밝히는 것은 문화입니다. 그 순서는 언제나 경제, 정치, 문화 즉 의, 정, 지입니다.

왜 그런가 하면 사람도 그렇게 생겼으니, 사람이 밥 먹는 것은 ─ 그러고 보면 우리도 항상 제사를 받고 있다는 것도 되는데 ─ 배와 연결되는데, 배는 의지의 세계입니다. 기도한다는 것은 감정의 세계이고, 성경, 십계명은 지의 세계이니, 그런 것을 통해 그리스도를 생각하게 됩니다. 어쨌든 이 세 가지를 꼭 알아야 하며, 이것은 기독교식으로 말하면 곧 성부, 성자, 성령인 것입니다.

그리스도는 기름 부음을 받았다는 뜻인데 유태 사람 중에서 기름 부음을 받은 자들은 제사장, 제왕, 예언자였었습니다. 또한 예수 그리스도를 통해서라는 말은 제물과 향로와 십계명을 통해서라는 뜻이 되기도 하는 것입니다. 즉 예수님 자신이 제사장, 제왕, 예언자를 합쳐서 되는 것이지요.

그러므로 지, 정, 의를 합쳐서 예배 드린다는 말은 제물과 향로, 십계명을 합쳐서 예배드린다는 뜻입니다. 그렇게 가만히 생각해 보면 다 통하는 말이지 어려워서 이해하지 못할 말들은 아닙니다. 우리가 참되게 찬송을 부른다, 참되게 기도를 한다, 혹은 참되게 성경을 깨닫는다 할 때 성경을 깨닫는다는 것은 '예언'이고, 참되게 기도한다는 것은 '제사장'이 되는 것이고, 참되게 찬송을 부른다는 것은 '제왕'이 되는 것입니다. 그것이 그리스도이며, 곧 우리가 하나님께 도달하는 길인 것입니다.

우리는 흔히 "새해에 복 많이 받으라"는 말을 합니다. 미국인의 경우에도 마찬가지로 "해브 어 해피 뉴이어(Have a Happy New Year)"라고 하는데 "새해 복 많이 받으세요"와 같은 말입니다. 그렇게 꼭 같은 말을 하게 되는 이유는, 사람이 누구나 추구하는 것은 행복이기 때문입니다.

아리스토텔레스는 인생의 목적은 '행복'이라고 했습니다. 그가 뜻하는 행복이란 희랍어로 '유다이모니아(eudaimonia)' 인데 유(eu)라는 것은 '같이'의 뜻이고 다이모니아(daimonia)는 '하나님'의 뜻이니 하나님과 같이, 그것이 행복입니다. 그러므로 하나님을 빼놓고는 행복을 기대할 수 없습니다.

더 나아가 우리가 쓰는 복 복福 자를 생각해 볼 경우, 보일 시示가 하나님의 계시가 되는 것입니다. 위채는 위 상上 자, 아래는 빛 광光, 즉 하늘에서 내려오는 빛이니 물에 비치는 태양, 촛대, 십계명과 연결되는 것이라 할 수 있습니다.

하나님의 계시, 그 옆에 높을 고高, 밭 전田으로, 예배禮拜의 예禮 자는 보일 시示 변에 떡을 많이 그릇에 괴어 놓은 것이니 높을 고高, 밭 전田과 마찬가지이므로, 결국 복과 예는 유사한 것입니다. 제사의 제祭 자는 고기[月]을 높이 든 손[又]과 아래는 보일 시 자, 이것 또한 같은 경우입니다. 그러니 하나님과 떨어져서 복을 기대할 수 있겠습니까. 우리가 하나님을 빼놓고 복이 있을 수 있을 것처럼 생각하는 것은 오해입니다. 복福과 행복(유다이모니아)이 무엇인지 몰라서입니다.

파스칼은 『팡세』에서 "하나님을 가진 사람은 행복한 사람, 하나님을 못 가진 자는 불행한 사람"이라 했습니다. 멋진 말입니다. 또 다른 책에는 "하나님을 알고, 하나님을 섬기는 사람은 지혜롭고 행복한 사람, 하나님을 모르지만 하나님을 찾는 사람은 행복하진 않지만 지혜로운 사람, 하나님을 알지도 못하고,

찾지도 못하는 사람은 어리석고 불행한 사람"이란 구절이 있습니다.

원래 행복이 어디에 있느냐 하면 하나님을 붙잡으면 행복한 것이고, 하나님을 못 붙잡으면 불행한 것입니다. 그런데 하나님을 붙잡는다는 것이 무슨 뜻인가 하면 그것은 우리에게 가지고 있는 근본 문제를 해결한다는 것입니다. 흔히 지엽 말단적인 문제만 자꾸 해결하려고 하는데, 물론 그것도 중요하겠지만 가장 중요한 것은 인생의 근본적인 문제를 해결해야 된다는 것입니다.

인생의 가장 근본적 문제는 죽음입니다. 이때, 죽음이라는 문제를 해결했다 하면 그것은 바로 영생입니다. "누구든지 저를 믿으면 멸망하지 않고 영생을 얻으리라." 그러므로 신앙적으로 사는 사람은 죽음이라는 문제를 해결하고 사는 자인데, 그렇게 되기 위해서는 인생을 초월하고 사는 수밖에 없습니다. 인생을 초월하고, 세상을 초월해서 살아야 참 사는 것이지 그렇지 못하면 참 산다고 할 수 없습니다. 인생을 초월하고 사는 것이 신앙이니, 죽음을 하나님께로 가는 것으로 생각해야지 죽음을 흙이 되는 것으로 생각해서는 안 됩니다.

요전 오숙경 선생 장례식에서도 "인생은 낳았다가 죽는 것이 아니라 나왔다가 가는 것"이라 했는데 그에 공감하는 사람들이 많았습니다. 그것은 곧 생사를 초월하여 사는 것입니다. 생사를 초월하지 못하고, 그 속에 빠져 산다면 참 산다고 할 수 없습니다.

생사를 초월하고 산다는 말은 곧 시간, 공간, 인간을 초월하고, 세상을 초연하게 사는 것입니다. 시간을 초월한다면 어제, 오늘, 내일이 따로 없으니 새해도 특별한 것이 없습니다. 어제도, 오늘도, 내일도 새해가 되는 것입니다. 영원히 새해이고, 새날이니 그게 '일일호일日日好日'이라는 말인 것입니다. 하루하루 사는 것이 그래도 기쁨이고 즐거움이니 새해가 오면 기쁘고 아니면 달라지고 하는 것이 아니지요. 해가 뜨는 것이 같은 날이니 다를 게 없는 것이지요.

그러한 의미에서 우리가 영원한 삶을 산다면 전체가 새해, 새날이며 새롭지 않은 것이 없습니다. 로마서 12장 1, 2절의 말씀처럼 이 세계를 본받지 말고, 이 세계를 초월해서 새로운 마음을 가지고 새 사람이 되어서 살아야 새해의 의미가 있지 그렇지 않다면 아무리 새해가 된다고 해도 무슨 소용이 있겠습니까?

망년회 날과 새해 새벽부터 술을 먹고 취한다면 그것은 제일 정신 차려야 할 때인 결산과 예산하는 날을 허송하는 것입니다. 하나님이 알파와 오메가라면 맨 마지막 결산할 때와 처음 예산할 때 하나님이 계시다는 소린데 그러한 예산과 결산을 할 때 술에 취한다면 진짜 정신을 차릴 중요한 시기를 놓치게 됩니다.

그러면 새해가 아니고 '술해'이지요. 혹자는 '개해'라고도 하던데 개해이건, 돼지해이건 그것이 언제나 사람의 해가 되어야 할 것입니다. 사람도 정신을 차리면 사람이 되지만 못 차리면 개가 되니 별반 다를 것이 없는 것입니다.

그런데 새로운 것이란 정신이 새로운 것이지 물질이 새로운 것은 아닙니다. 그러므로 새해를 맞이하여 정신을 바짝 차려 새롭게 살면 이것이 곧 바람직한 새해입니다. 정신이 매일 새로운 것이니 예수님께서 요컨대 물질적인 제사는 그만두고 정신적인 예배를 보자고 하셨고, 그리하여 '예배'라는 것이 시작된 것입니다.

스 승
1982년 1월 24일

누가복음 9:18~21
"그러면 너희는 나를 누구라고 생각하느냐?" 하고 다시 물으시자, 베드로가 나서서 "하나님께서 보내신 그리스도이십니다" 하고 대답하였다.

오늘은 '스승'이라는 제목을 정했습니다. 스승이란 말은 선생이라는 말과는 조금 다릅니다. 우선 학생과 선생을 구별한다면 학생은 배우는 사람이요, 선생은 가르치는 사람입니다. 모두 지식에 관계되는 말인데, 학생은 지식을 많이 받아들이는 사람이요, 선생은 또 지식이 많아서 그들에게 나눠주는 사람입니다.

그런데 스승이라고 할 때 제자는 지식과 아무 상관이 없습니다. 물론 도덕적인 선행과도 상관이 없습니다. 제자는 자기의 문제를 풀어가는 믿음하고만 상관이 있습니다. 그리고 스승도 지식과는 아무 상관이 없습니다. 물론 도덕적인 선행과도 아무 상관이 없습니다. 스승이란 한마디로 자기를 이긴 사람입니다.

예수님은 박사학위를 얻었거나 대학을 졸업했다든가 하는 그런 것이 없습니다. 세계적인 성현을 생각해 볼 때에도 소크라테스가 대학을 졸업했다는 일은 없습니다. 요새는 대학을 졸업 못해서 야단들이지만 우리가 진짜로 존경하는 사람들은 대학을 졸업한 사람들이 아닙니다. 공자도 제자들이 "선생님은 지식이 많은 사람이지요?" 하고 물었을 때 "나는 지식이 많은 사람이 아니라 하나로 꿰뚫은 사람이다"라고 말했습니다. 옛말에 "구슬이 서 말이라도 꿰어야 한다"라는 말이 있는데, 구슬이 한 알이건, 두 말이건 그것을 꿰는 실이 상당히 중요한 것입니다. 우리가 아는 영어 단어는 굉장히 많습니다. 그러나 우리가 그것을 꿰지 못하면 외국 사람과 만났을 때 영어를 한마디도 할 수 없습니다. 그러나 미국에서 자란 어린애들은 아는 단어가 몇 개 안 되지만 그것으로 자기가 하고 싶은 말은 무엇이나 다 할 수가 있습니다. 그것은 단어를 실로 꿰었기 때문입니다. 비록 조금 알아도 마음대로 활용할 수 있는 사람, 그런 사람이 실로 꿰뚫은 사람입니다.

"나는 많이 아는 사람이 아니고 하나로 꿰뚫은 사람이다"라고 말한 공자, 그분이야말로 도가 통한 자유인이라 할 수 있을 것입니다. 그것을 일이관지一以寬之라고 하는데, 스승은 지식인이나 도덕인이 아니라 일이관지한 자유인입니다.

자유인이란 자기를 이긴 사람입니다. 그러므로 스승이란 자기를 이긴 사람입니다. 자기를 이긴 사람을 동양에서는 인仁이라고 하는데 예수님도 자기를 인자라고 하였습니다. 기독교가 처음 들어왔을 때 초대 교인들은 성경의 인자人子와 동양의 인자仁者를 같이 생각했습니다. 인자人子도 자기를 이긴 사람이요, 인자仁者도 자기를 이긴 사람입니다. 논어에는 극기복례克己復禮, 살신성인殺身成仁을 인이라고 합니다. 인자는 자기를 이긴 사람입니다. 스승은 자기를 이긴 사람이지 아는 사람이 아닙니다. 소크라테스도 많이 안 사람이 아닙니다. 많이 안 사람이 아니라 자기를 이긴 사람입니다.

자기를 이긴 사람이 되려면 결국은 자기를 아는 사람이 되어야 합니다. 자기를 이기기 위해서는 알아야 합니다. 영어로 안다는 말도 노우(know)이고, 부정한다는 말도 노우(no)인데 자기를 부정한다는 말은 자기를 이긴다는 말입니다. 싸움에서 적을 알지 못하면 이길 수가 없습니다. 자기와의 싸움에서도 자기를 알지 못하면 이기지 못합니다. 자기를 아는 것은 곧 자기를 이기는 것입니다.

자기가 아무 것도 모른다고 느끼는 것은 지식이 아니라 자각이요, 자기를 이기는 지혜입니다. 지혜는, '자기를 이기는 자기를 아는 것'이라고 말한 것입니다.

'무엇을 모른다는 것'과 '무엇을 모르는 자기를 모른다는 것'과는 차원이 다릅니다. 한 차원 높아진 것입니다. '무엇'은 자연이고, '무엇을 모르는 무엇'은 인생입니다. '아무것도 모른다는 것을 아는 것'은 인생을 아는 것입니다. 물론 자연을 아는 것도 어렵습니다. 그러나 인생을 아는 것은 더 어렵습니다. 어쨌거나 자연이든 인생이든 진짜로 아는 것은 어렵습니다.

우리는 해가 동쪽에서 떠서 서쪽으로 진다고 알고 있지만 그것을 실제로 안 것이 아닙니다. 사실 해가 지구를 돌아가는 것이 아니라 지구가 해를 돌고 있는 것입니다. 그런데 해가 지구를 도는 것이 아니라 지구가 해를 돈다고 했다가 브루노(Giordano Bruno)는 불에 타 죽었습니다. 그러니까 진짜를 알기도 어렵지만 진짜 아는 것을 말하기도 어려운 것입니다. 그래서 진리에는 박해가 따르는 법입니다.

우리가 과학을 확실한 것으로 알고 있지만 공부한 사람들의 말을 들어 보면 과학이란 진리 위에 세워진 것이 아니고, 가설 위에 세워진 것이라 합니다. 이 말은 거짓말 위에 섰다는 것이 아니라 우리의 지식이 부족하다는 말이지요. 우리가 지금은 이것이 진리라고 알고 있지만 조금 있으면 다른 것이 진리임을 알게 된다는 것입니다. 과거에는 옳던 뉴턴의 법칙이 지금에 와서는 틀려 아인슈타인의 법칙이 옳다고 합니다. 그렇다면 과학은 아무리 확실한 지식 같지만 확실한 것이 아니라는 말이 됩니다.

　하나에다 하나를 더하면 둘이라는 것처럼 확실한 것은 없는 것 같습니다. "하나에다 하나를 더하면 둘이다"라고 수학선생이 설명했을 때 에디슨은 "선생님, 저는 그것이 무슨 말인지 모르겠습니다"라고 해서 퇴학을 당했습니다. 에디슨의 어머니가 에디슨에게 "너 같은 천재가 왜 그걸 모르느냐"고 물어 보니 에디슨이 "하나는 하나밖에 없다고 해서 하나일 텐데 어디 또 하나가 있다는지 알 수가 없습니다"라고 말했다고 합니다. 모세의 십계명에 보면 제1조 "내 앞에 다른 신을 섬기지 말라. 나밖에 무엇이 있다면 우상이지 하나님이 아니다"란 말이 있습니다. 에디슨 생각으로는 하나님은 유일한 분이지 둘은 있을 수 없다는 것입니다. 하나밖에 없으니까 하나인데 어디 또 하나가 있어서 더해 줄 수 있는가를 에디슨은 모르겠다는 것입니다. 그렇다면 하나에다 하나를 더한다는 것은 말이 되지 않습니다.

　그러니까 우리의 지식을 따져 보면 확실한 것은 아무것도 없습니다. 우리가 아는 것은 허무한 것입니다. 사실 우리가 아는 것은 아무것도 없습니다. 만일 확실한 것이 있다면 내가 모른다는 것 하나만이 확실한 것입니다. 사람은 진짜를 알기 전에는 가짜를 진짜로 착각하게 됩니다.

　내가 지금 붓글씨를 배우는데 진짜 글씨를 배워보니까 지금까지 내가 써 온 모든 글씨가, 글씨가 아니었다는 것을 처음 알게 되었습니다. 결국 우리가 참을 알고 나서야 지금까지 내가 알아왔던 것이 다 거짓이었다는 것을 알게 되는 것입니다. 몰랐던 것을 알았다는 말은 벌써 참을 알고서 하는 말입니다. 참을 알고 보니 지금까지 안 것은 다 거짓이었다는 것입니다.

중세기의 유명한 토마스 아퀴나스는 『신학대전』 수십 권을 썼는데 그것은 중세기 최고의 책입니다. 그는 그것을 다 끝내지 못했을 때 예수님을 만나게 되었습니다. 토마스 아퀴나스는 당시 세계 제일의 신학과 성서학자였는데 예수를 만나고 나서 자기가 알고 있는 신학과 성경이 다 거짓말이라는 것을 알았습니다. 그 후 그는 더 쓸 용기를 잃었습니다.

우리도 아퀴나스처럼 그리스도를 만나면 지금까지 우리가 알던 모든 지식이 다 거짓이었다는 것을 알게 될 것입니다. 그러니까 우리가 아무것도 모른다는 것을 알게 되는 것은 우리가 무엇인가 진짜를 아는 것입니다. 무엇을 알았을까. 자기를 안 것입니다. 자기를 알고 보니 자기가 알던 모든 것이 다 거짓이었다는 것입니다. 그리스도를 안 바울이 자기의 안 것을 분토로 여기는 것과 마찬가지입니다.

결국 스승은 참을 안 사람입니다. 참을 안 사람이 깬 사람입니다. 참을 안 사람은 자기를 이긴 사람입니다. 자기를 이긴 사람이 큰 사람입니다. 산, 큰 사람이 철이 든 사람이요, 철이 든 사람이 산 사람입니다. 스승은 한마디로 큰 사람이요, 깬 사람이요, 산 사람입니다. 그리스도는 어떤 사람일까. 그리스도는 깬 사람이요, 큰 사람이요, 산 사람입니다.

스승이라는 글자는 '스' 자와 '승' 자가 합친 것인데, '스' 자는 스스로 자自 자이고 '승' 자는 이길 승勝 자라고 생각합니다. 자기를 이긴 사람은 깬 사람이고, 큰 사람이고, 산 사람입니다.

기독교가 우리나라에 들어와서 해야 할 일은, 우리나라 사람들이 다 깬 사람이 될 수 있도록 하는 것이라고 생각을 합니다. 또 우리나라 사람들이 더 큰 사람이 될 수 있게 하는 것이 중요하다고 생각합니다. 그리고 우리나라 사람들이 다 산 사람이 되게 하는 것이 중요합니다. 기독교가 우리나라에 와서 할 일이 있다면 깬 사람, 큰 사람, 산 사람을 만들어내는 것입니다.

깬 사람이라 할 때 나는 깨끗한 것을 생각하게 됩니다. 더럽다면 깼다고 할 수가 없습니다.

큰 사람이라고 할 때는 역시 싸우지 않는 사람입니다. 아이들이나 싸우지 어른은 싸우지 않습니다. 싸우지 않고 하나로 될 수 있는 백성, 이것이 상당히 중요합니다. 이조 5백 년의 사색당파처럼 부끄러운 것이 어디 있습니까. 그것은 역시 큰 사람이 못 되어서 그렇습니다. 대학교회에는 싸움이 없습니다.

그리고 산 사람은 썩지 않는 사람입니다. 부정부패는 썩은 사람, 죽은 사람 때문에 일어납니다. 사람이 죽어야 썩지, 산 사람이 어떻게 썩겠습니까. 부정부패라는 말이 없어져야 이 나라가 삽니다. 부정부패라는 말이 있는 동안에는 이 나라가 살았다고 하기는 어렵습니다. 아무리 누가 돈을 갖다 줘도 스스로 받지 않는, 그런 시대가 와야 합니다.

우리는 살았다. 우리는 깼다. 우리는 크다. 땅덩어리야 크건 작건 그것이 문제가 아닙니다. 사람이 깨야 하고, 커야 하고, 살아야 합니다. 이런 나라를 만드는 것이 기독교의 사명입니다. 그래서 나는 제일 중요한 것은 이 세 가지가 아닌가 하는 생각을 합니다.

예수님께서도 깬 사람이요, 큰 사람이요, 산 사람입니다. 예수님이 베드로에게 "너는 나를 누구라고 생각하느냐"고 물었을 때 그는 "당신은 그리스도이십니다"라고 대답했습니다. 한마디로 말하면 "깬 사람이요, 큰 사람이요, 산 사람이다"라는 말입니다.

그리스도라는 말은 '기름 부음을 받았다'는 말인데 그 당시에는 왕과 제사장과 예언자가 기름 부음을 받았다고 합니다. 예언자는 어떤 사람인가. 깬 사람입니다. 왕은 어떤 사람인가. 큰 사람입니다. 제사장은 어떤 사람인가. 산 사람입니다. 우리가 그렇게 볼 때 그리스도는 깨고, 크고, 산 사람입니다.

예수님이 제자들을 데리고 산에 올라가서 나는 산[生] 사람이라고 했는데 나는 그 산[生] 사람이 산山사람과도 같이 들립니다. 산에 올라가기 좋아하는 사람은 건강한 사람이요, 산 사람입니다. 그렇게 새벽부터 깨서 산에 올라가는 이유는 그들이 깬 사람들이기 때문입니다. 일찍 깬 사람만이 올라갈 수 있지 늦잠을 자면 올라가지 못합니다. 또 산에 올라가서 내려다보면 집과 자동차가 작게 보입니다. 누구나 산에 올라가면 큰 사람이 됩니다. 산 높이가 자기키가 되는 것입니다.

옛날부터 스승을 언제나 산山에다 비유했습니다. 산이라는 것은 참 재미있습니다. 산山, 자기는 아무 말을 하지 않으면서 사람들로 하여금 자꾸 올라가게 만듭니다. 그것이 산의 특징입니다. 그래서 노자는 스승을 무위자연無爲自然이라고 하였습니다. 아무것도 하지 않지만 사람으로 하여금 자꾸자꾸 자라게 합니다. 학생에게 자꾸 가르쳐서 조금이라도 더 알게 하는 것이 선생이지만 하나도 가르치지 않고 학생들로 하여금 혼자서 공부하게 하는 것도 스승입니다.

공자에게는 제자가 3천 명이 있었다고 하는데 그 많은 사람들을 다 어떻게 가르쳤겠습니까. 어느 날 공자가 "다 알았지?" 했더니 증자가 "예" 하고 대답하였다는 말이 있습니다. 다른 사람들이 증자에게 네가 무엇이냐고 물었을 때 성인은 사람 되는 것뿐이라고 대답했다고 합니다.

사람이 되면 사람은 저절로 따라 옵니다. 산이 있으면 사람은 혼자 올라갑니다. 그 존재는 아무것도 하지 않지만 저절로 남을 오르게 합니다. 자기를 이긴 사람은 남을 이길 수 있는 힘이 있는 것입니다.

    그리스도는 자기를 이겼기 때문에 남을 이기게 하는 힘이 있는 것입니다. 그것이 무위자연입니다. 아무것도 하지 않지만 '하지 않는 것이 없는 것'이 존재입니다. 자기를 이긴 사람은 세상을 이긴 것입니다. 산처럼 높은 경지에 서 있으면 되는 것입니다. 스승은 산이 된 사람입니다.

스승의 특징

1982년 1월 31일

누가복음 9:22~27

나를 따르려는 사람은 누구든지 자기를 버리고, 매일 제 십자가를 지고 따라야 한다. 제 목숨을 살리려고 하는 사람은 잃을 것이요, 나를 위하여 제 목숨을 잃는 사람은 살 것이다. 사람이 온 세상을 얻는다 해도 제 목숨을 잃거나 망해 버린다면 무슨 이익이 있겠느냐? 누구든지 나와 내 말을 부끄럽게 여기면 사람의 아들도 아버지의 영광에 싸여 거룩한 천사들을 거느리고 영광스럽게 올 때에 그를 부끄럽게 여길 것이다. 나는 분명히 말한다. 여기에 서 있는 사람들 중에는 죽기 전에 하나님 나라를 볼 사람들도 있다.

옛부터 스승의 모습을 산에 비교했는데 「주보」에 실린 글은 에베레스트에 태극기를 꽂은 보도를 보고 쓴 글입니다.

세계의 정상, 히말라야 정상에 태극기가 휘날렸다. 무서운 빙벽과 고요한 빙호氷湖와 넘치는 빙하가 8,848m 에베레스트의 모습이다. 옛 사람은 이 산을 설산雪山이라 했고, 이 설산은 가끔 스승에 비유되었다.

위대한 스승에게는 빙벽과 같은 의와 불의를 판가름하는 무서운 정의감이 감돌고 있다. 그리고 얼음같이 차가운 참과 거짓을 판가름하는 고요한 진리감이 깃들어야 하고, 빙호같이 넘치는 삶과 죽음을 판가름하는 자비감이 흘러내려야 한다. 무서운 정의와 고요한 진리와 넘치는 자비가 하나가 될 때 위대한 스승은 이루어진다. 스승은 율법의 화신이요, 진리의 화신이요, 사랑의 화신이다. 그런 의미에서 스승은 법사요, 교사요, 약사다. 인생을 심판하는 법사요, 학생을 가르치는 교사요, 중생을 구제하는 약사다.

법을 맡은 왕과 진리를 맡은 예언자와 대속 제물을 불사르는 제사장이 합쳐진 것이 그리스도다. 그들에게는 무서운 의와 차가운 진리와 뜨거운 사랑이 합쳐서 하나의 스승을 이룩한다.

인생을 초월한 법사와 중생을 초월한 약사와, 학생을 초월한 교사는 시간을 초월하고, 공간을 초월하고, 인간을 초월한, 영원한 존재다. 니체는 실존은 땅의 뜻이라고 한다. 대승은 중생의 열쇠다. 이 열쇠 없이 중생은 구원받을 가망이 없다. 대승이야말로 중생을 구원할 수 있는 힘이요 빛이요 뜨거움이다.

눈에 덮인 히말라야는 영원히 구름에 덮이고 얼음에 덮여 범인

凡人의 접근을 불허한다. 다만 거기서 흘러나오는 물만이 오대양 육대주를 푸르게 한다. 우리가 그들에게서 받는 것은 넘치는 사랑 뿐이다.

그러나 사랑의 배후에는 한없이 무서운 실재가 있다. 한없이 높은 인격과 한없는 높은 지혜와 한없이 넓은 사랑이 하나가 되어, 하나의 스승의 모습을 아로 새긴다. 8,848m의 에베레스트, 네 모습이야 말로 위대한 스승의 모습이다.

예수 그리스도를 에베레스트라고 생각하고 쓴 글입니다. 물론 예수님께서는 에베레스트를 못 보셨지만 헬몬 산은 언제나 바라보았답니다. 사람은 산을 보다가, 산을 걷다가, 산이 됩니다.

오늘 읽어드린 성경 말씀은 예수님께서 산에 올라가는 기사입니다. 예수님께서 헬몬 산을 얼마나 바라보았겠습니까. 3,300m의 헬몬 산도 설산인데 예수님께서 늘 바라보고, 또 오르고, 그러다가 예수님도 헬몬 산이 되고 마는 것입니다.

스승이란 산 같은 존재인데, 산의 특징은 높고 크지요. 예수님의 인격도 한없이 높고, 한없이 큽니다. 그런데 높은 산에 가 보면 대개 나무가 무성합니다. 내설악에 들어가 보면, 영시암 쪽에 상당히 큰 나무들이 많이 있습니다.

나무는 언제나 우리에게 생명을 보여 주는 것입니다. 그리고 산에 가면 언제나 흘러 내려가는 것이 시냇물입니다. 내 설악에 들어가면 깨끗한 물이 흘러내립니다. 설악산은 물이 많은 산인데 맨 꼭대기의 봉정암에 올라가면 거기에도 물이 막 솟아납니다. 천불동에도 돌과 물과 나무밖에 없습니다. 나는 그것이 설악산의 특징이라고 생각합니다. 설악산은 돌과 나무와 물밖에 없어요. 흙이 없어요. 정말 명산입니다. 큰 돌, 푸른 나무, 깨끗한 물은 곧 크다, 살았다, 깼다, 그것입니다. 큰 바위, 산 나무, 깬 물, 이 세 가지가 합해서 산이 되는 것입니다. 그것 없는 산이 없어요. 그러나 작은 산이 되면 나무도 없어지고, 물도 없어지는 것입니다.

예수가 쳐다본 산은 헬몬 산입니다. 높고 큰 산입니다. 헬몬 산이 없었으면 예수는 안 나왔을 것입니다. 나왔을 이치가 없습니다. 우리는 산을 쳐다보고, 올라가고, 그러다가 산이 되는 것입니다. 이런 과정 없이는 스승이라는 것도 없습니다.

산상수훈의 "마음이 깨끗한 자는 복이 있나니 하나님을 본다." "마음이 가난한 자는 복이 있나니 천국이 저희의 것이다." "의를 위하여 핍박을 받는 자는 복이 있나니 천국이 저희 것이다." 이 말은 깼다, 크다, 살았다는 말입니다. 예수님께서 언제나 와서 보라고 했는데 깨고, 크고, 산 것을 보라는 것이지요.

안자도 공자를 쳐다볼수록 높다고 했는데 베드로가 예수를 쳐다보니 한없이 높아집니다. "당신은 살아 계신 하나님의 아들이요, 그리스도다"에서 그리스도는 삶과 깸과 큼이라 할 수가 있습니다. 우리들도 그리스도처럼 큰 사람, 깬 사람, 산 사람이 되어야 합니다.

오늘 내가 특별히 말하려고 하는 것은 스승의 핵심이라는 것입니다. 십자가와 부활의 승천, 스승이란 다 십자가를 지고 있으며, 스승이란 다 부활하고 있으며, 스승이란 다 승천한 사람입니다. 이 세 가지가 스승의 특징입니다.

그런데 이 세 가지는 다 연결되어 있습니다. 십자가에서 부활이 나오고, 부활에서 승천이 나오는 것입니다. 십자가란 내가 부활하기 위해서 반드시 져야 하는, 어떤 생활 스타일, 그것을 십자가라고 합니다. 자기를 위한 싸움이라고 해도 되지요. 십자가는 자기와 싸워서 이기는 것입니다. 자기를 이기고자 하는 싸움, 그것이 십자가로, 그런 싸움은 반드시 있어야 합니다. 십자가 없이는 스승이라고 할 수가 없습니다.

여러분이 오늘 교회에 온 것도 자기를 이기는 십자가라고 볼 수 있습니다. 자기를 이기지 못하면 어떻게 여기서 나오겠습니까. 요새 중강당이 상당히 추운데 그런데도 나온다는 것도 여러분이 자기와의 싸움을 이기는 것입니다. 그런데 스승에게는 언제나 자기 고유의 싸움이 있습니다.

나의 스승님의 생활 스타일은 일일일식一日一食이었습니다. 하루에 한 끼를 잡숫는데 한 번은 함석헌 선생님과 함께 이 선생님을 모시고 북한산에 올라갔습니다. 세검정에서 걸어서 백운대까지 가려면 상당히 멉니다. 그래서 백운대까지 갔다가 내려올 때는 굉장히 피곤했습니다. 함 선생님이나 우리들은 물론 가져갔던 도시락을 다 먹었지요. 산을 내려올 때 함석헌 선생님이 나에게 선생님은 어제 저녁에 한 끼만 잡숫고, 오늘 아침도 안 먹고, 점심도 안 먹고, 하루 종일 백운대까지 갔다 내려오는데도 하나도 피곤함을 모르시는데 우리는 밥만 꾸역꾸역 먹고도 이것이 뭐냐고 하시면서 "나도 이제부터 한 끼만 먹겠다"고 하셨습니다. 함 선생님이 한 끼 잡숫는다는 소문이 굉장히 났습니다. 함 선생님이 한 끼 잡숫는다는 말을 듣고 나도 한 번 한 끼 먹자는 결심을 하고 시작을 했는데 대엿새 지나니까 하늘이 자꾸 노래지며 빙빙 돌아 어쩔 수 없이 여드레 만에 포기하고 말았습니다.

　　내가 이 말을 왜 하느냐 하면 선생님은 선생님대로 자기를 이기는 싸움을 한다는 것입니다. 자기와 싸우는 방법으로 밥과 싸우는 것이지요. 선생님의 십자가는 하루에 한 끼 먹는 것입니다. 그래서 한 번은 선생님이 얼마나 잡숫나 하고 가 보았습니다. 그런데 별로 많이 잡숫지를 않아요. 어떤 때는 보름 동안 아무것도 안 잡수시고 오셔서 성경 강의를 하는 때도 있었습니다. 선생님은 세검정 고개에서 종로 YMCA까지 언제나 걸어 다니시는데 사모님이 금식 때는 도중에 쓰러질까 걱정하여 뒤따

라오기도 하였답니다.

　선생님의 생애는 독특한 삶이었지요. 선생님이란 분은 참 살았어요. 깼어요. 그리고 한없이 커요. 그런데 그 선생님의 생을 가만히 보면 자기를 이기는 십자가를 지고 있었습니다. 일일일식이지요. 그것이 선생님의 힘의 근원이었지요.

　선생님은 십자가를 지는 힘으로 부활할 수도 있었습니다. 선생님에게는 자기가 없었습니다. 선생님 자신이 무아無我가 되고만 것입니다. 선생님은 무아의 힘으로 하나님을 만날 수가 있었습니다. 그것이 승천입니다. 선생님은 하나님의 말씀을 듣고 그 말씀을 우리에게 전해주는 것이었습니다. 그러니까 선생님의 핵심 속에는 십자가와 부활과 승천이 있는데 어려운 말로 하면 '탈자적 실존脫自的 實存'이 되는 것입니다. 이것이 하이데거 철학의 핵심인데, 탈자란 자기가 없어진다는 말이고, 실존이란 십자가를 졌다는 말입니다. 탈자적 실존이 되어야 존재의 소리를 듣는 것이지요. 십자가를 지고 실존이 되어, 자기가 죽고 탈자가 되어야 부활하여 존재의 소리를 듣게 되는 거지요. 우리말로 하면 40에 불혹不惑, 50에 지천명知天命, 60에 이순耳順인데, 불혹이 십자가요, 지천명이 부활이요, 이순이 승천입니다. 스승이란 탈자적인 실존을 말하는 것입니다.

　스승의 핵심은 자기를 이기는 십자가와 자기가 없어지는 부활과 하나님의 말씀을 듣는 승천입니다. 이것이 크다, 살았다,

깼다는 것입니다. 큰 십자가와 산 부활과 깬 승천입니다. 크지 않으면 자기를 이길 수가 없고, 살지 않으면 자기가 없어질 수 없고, 깨지 않으면 하나님을 만날 수가 없습니다. 십자가의 길이요, 부활의 진리요, 승천의 생명입니다.

스승과의 만남
1982년 2월 7일

누가복음 9:28~36
  예수께서 기도하시는 동안에 그 모습이 변하고, 옷이 변하고 눈부시게 빛났다. 이때 구름 속에서 이는 내 아들, 내가 택한 아들이니 그의 말을 들어라 하는 소리가 들려왔다.

  오늘은 제목이 〈스승과의 만남〉인데 이 스승과의 만남이란 상당히 중요한 것입니다. 그동안 제가 여러 번 말씀드렸지만 스승이란 선생과 달라서 지식의 전달자가 아닙니다. 제자도 학생과는 달라서 지식을 단순히 받아들이는 사람이 아닙니다. 스승과 제자라는 이 문제는 순전히 사는 문제인데 그렇기 때문에 스승과 제자라는 관계처럼 중요한 것은 없습니다.
  유태 사람들은 제자라는 말을 '탈무드'라고 하는데 그 사람들은 성경 다음으로 「탈무드」를 소중히 여깁니다. 「탈무드」는 선생과 제자 사이에 전해진 삶의 지혜를 적은 책입니다. 그리고 인도 사람들은 선생과 제자 사이에 정해진 삶의 비밀을 「우파니샤드」라고 하는데, 그 뜻은 '스승의 무릎 밑에 앉아서' 입니다. 그러니까 인도의 「우파니샤드」나 유태 사람들의 「탈무드」는 같다고 볼 수 있습니다.

그런데 스승을 만나기 전에, 스승을 가진다는 것이 얼마나 어려운지 모릅니다. 여러분 중에서 내 스승이 누구인가 하고 생각해 볼 때 내 스승은 아무개다, 라고 말할 수 있는 사람은 참 적을 것입니다. 내 스승이 누구다, 라고 단정해서 이름을 말할 수 있는 사람은 참 행복한 사람입니다. 행복이란 말은 희랍말로 '유다이모니아' 인데, '다이모니아' 는 하나님이란 말이고, '유' 는 '같이' 라는 말로 '하나님과 같이' 라는 뜻입니다. 이 유다이모니아나 우파니샤드나 다 같은 말입니다. 우리가 하나님과 같이 있을 때 행복하다는 뜻입니다.

그런데 보이지 않는 하나님과 어떻게 같이 됩니까. 우리에게 하나님을 대신해 줄 수 있는 사람은 스승밖에 없습니다. 그러므로 우리가 하나님을 찾기 전에 먼저 스승을 찾아야 합니다. 기독교적으로 말하면 예수님이 인류의 스승이지요. 내가 여러 번 말했지만 예수님은 대학을 졸업한 사람도 아니고, 지식을 굉장히 가지고 있었던 사람도, 기술을 가지고 있었던 사람도 아니었습니다. 그러나 우리가 예수를 인류의 스승이라고 하는 의미는, 그에게는 삶에 대한 뚜렷한 자세가 있기 때문입니다.

예수님께서 "나를 본 자는 하나님을 보았다"는 말씀을 하셨는데 쉽게 말하면 스승을 가진 사람은 하나님을 가졌다는 말입니다. 또한 우리가 예수님을 만나는 것이 너무 어려우면 바울을 통해서 만나는 것이 좋습니다. 또 바울을 만나기가 어려우면 루터를 통해서 만나는 것이 좋습니다. 또 루터를 만나기가 어려우면 우리 감리교로 말하면 루터를 소개하는 요한 웨슬리를 통해서 루터를 만난다든지 하는 식으로 2천 년 전의 예수님을 만나는 길을 시간적으로 자꾸자꾸 가까운 곳에서 찾는 것도 좋습니다. 그리고 제일 적게는 이 현실의, 이 시대에서 스승을 찾을 수 있다면 그 이상 좋은 것은 없을 것입니다.

그러니까 쉽게 말하면 하나님과 예수님과 성령을 삼위일체라 하여 성부, 성자, 성령이라고 말하는데, 하나님, 성부를 만나는 길은 성자를 통하는 것이 좋고, 성자를 만나는 길은 성령을 통하는 것이 제일 좋습니다.

그런데 성령을 통한다는 것이 자칫하면 미신으로 흐르기가 쉽습니다. 더구나 교회의 큰 문제가 바로 그것이 아닙니까. 대구에서 제일 큰 대구 제일교회 목사님이 중앙 성결 교회에 와서 부흥회를 했다는데 그 목사님이 밤에 안수 기도를 하는 동안에 성령을 받았다고 하면서 이 기쁜 소식을 나한테 제일 먼저 알리려고 우리 졸업생 중의 한 명이 왔습니다. 성령 받았다고 하는 것을 들어 보니까 결론적으로 정신분열이 되어 있던 것이더군요. 마침 그 사람의 남편이 의사라서 전화를 걸어 빨리 입원시키라고 해서 동대문병원에 석 달 정도 입원을 하고 나왔습니다. 이렇게 요새는 자칫하면 정신분열이 된 것을, 성령을 받은 것으로 착각하는 사람이 많습니다. 하여튼 성령 받는다는 말은 참 위험한 말입니다. 특히 우리 사회에서는 더욱이 그렇습니다.

상식적으로는 스승이 성령 받은 사람이라고 생각할 수 있을 것입니다. 루터, 요한 웨슬리, 사도 바울, 모두 성령 받은 사람이라고 생각할 수 있습니다. 기독교인은 많이 알고 있는 사람이 아니고 깬 사람, 산 사람, 큰 사람인데 깬 사람, 산 사람, 큰 사람이 성령을 받은 사람입니다. 그렇지 않으면 우리에게 행복이란 있을 수가 없습니다.

세상에서 제일 큰 행복이 있다면 스승을 가진 사람입니다. 그런데 대학을 다녔다고 스승을 가지는 것은 아닙니다. 물론 대학에서 여러 선생님을 만나지만 그분들이 모두 스승인가 하면 그렇지는 않습니다. 유치원이나 초등학교로부터 지금까지 우리가 너무도 많은 선생을 대하지 않습니까. 그렇다고 해서 그분들이 다 스승인가 하면 그렇지는 않습니다.

오늘 제목을 〈스승과의 만남〉으로 했는데, 이 만남이란 그저 이렇게 만났다는 것이 아닙니다. 정말 스승과의 만남은 이심전심하는 만남이고, 스승의 핵심과 나의 핵심이 만나는 것입니다. 그러니까 예수님께서 말씀하신, 너희는 눈이 있어도 보지 못하고, 귀가 있어도 듣지 못한다는 말을 자꾸 하는 것은 만남이 안 된다는 것입니다. 누가복음 9장의 산상 변화 이야기는 예수님께서 그렇게 만나려고 해도 제자들이 자고 있다는 말입니다. 우리 동양식으로 말하자면 '장님 코끼리 만지기[群盲撫象]'이지요. 자고 있는 것이 아니라 눈을 감고 있다. 눈을 감고 있으니까 스승을 만지기만 하지 보지는 못한다는 것입니다. 즉 본다는 것이 보통 어려운 일이 아닙니다. 선생님의 핵심을 보는 것이지요. 선생님의 핵심과 내 핵심이 만나는 것이지 그저 얼굴을 보는 것이 아닙니다.

이 만남이란 말은 영어의 meeting 한다는 meet란 말로는 쓸 수 없는데 왜냐하면 meet는 그냥 만난다는 뜻만 있기 때문입니다. 이 핵심의 만남을 encounter라고 하는데 이렇게 핵심과 핵심이 만나 놓으면 지금까지의 걸어가던 방향이 바뀐다는 것입니다. 기독교식으로 말하면 회심이란 말을 쓰는데 지금까지 이쪽으로 갔으면 이젠 다른 길로 간다는 것입니다. 지금까지 아래로 내려갔으니 위로 올라간다는 것입니다. 이렇게 자기의 삶이 한번 뒤집히는 경험을 만남이라고 합니다. 그것 없이는 만남이라고 할 수가 없습니다. 그러니까 만남이라는 문제는 보통 문제가 아닙니다. 오늘 한 시간에 말해서 될 문제가 아니고 만남이란 것은 상당히 소중한 문제입니다.

그러므로 어떻게 해서든지 스승을 만나서 우리가 죽을 때 누가 내 옆에서 "네 스승이 누군가" 하고 물을 때 "내 스승이 누구다" 하고 대답할 수 있으면 그 인생은 성공한 인생입니다. 그러나 만일 죽을 때까지도 "내 스승이 누군가"라는 물음에 아무리 생각해 봐도 "누군지 모르겠다"는 대답을 하게 되면 안 되는 것입니다.

기독교적으로 말하자면 "네 스승이 누군가" 라는 물음에 "그리스도다", "예수다"라고 자신 있게 말하면 되는 것입니다. 그러나 그것이 자신있게 됩니까. 우리의 믿음이 약해서 내 스승이 누구인지 확실히 느끼고 있지 못합니다. 우리가 예수, 예수라고 하지만 미팅(meeting)만 했지 엔카운터(encounter)를 못한 것 아닙니까. 우리가 매 주일 와서 미팅을 아무리 해도 믿음이 생기지 않으니까 신앙이 약하고 부족해서 그런 말을 되풀이하는 것입니다.

옛날부터 스승을 만난다는 것은 정해져 있습니다. 한 번 만나는 것입니다. 한문으로 말하면 천재일우千載一遇라고 하는데, 천재는 천 년인데, 천 년이라도 좋고, 일생이라도 좋습니다. 일생에 한 번 만나는 것이지 여러 번 자꾸 만나는 것이 아닙니다. 그러니까 그것이 보통 소중한 것이 아닙니다.

여러분도 아시겠지만 율곡은 퇴계를 꼭 한 번 만났습니다. 율곡이 23세, 퇴계 58세에 그저 한 시간 정도 만났습니다. 그렇지만 그 한 시간의 만남으로 율곡은 퇴계를 일생 자기의 스승으로 모십니다. 또 그 퇴계 없이는 율곡이 나올 수가 없었습니다.

요전에도 말했지만 제자가 되려면 문제를 가져야 합니다. 우리가 기도를 한다는 것도 뭔가 문제를 가지고 애쓰는 것입니다. 자기의 문제를 풀려고 율곡이 얼마나 애를 썼습니까. 나중에는 머리를 깎고 금강산에 들어가서 중이 되려고 했습니다. 그러나 중이 되어서 문제가 해결이 되었느냐. 안 되었습니다. 다시 나와서 애쓰다가 결국은 퇴계를 찾아가는 것입니다. 그래서 꼭 한 번 퇴계를 만났는데 율곡의 갈 길이 정해졌습니다. 그래서 율곡은 퇴계를 자기의 영원한 선생님으로 섬기는 것입니다.

공자의 선생님이 노자인데 공자가 노자를 여러 번 만난 것이 아니라 꼭 한 번 만났습니다. 그 한 번의 만남으로 노자는 공자의 영원한 스승이 된 것입니다.

만남에는 산 사람을 찾아가서 만나는 경우도 있지만 서로 시대가 다른 사람들을 만나는 경우도 있습니다. 맹자와 공자는 2백 년 차이가 있지만 맹자가 공자를 만남으로 해서 맹자가 되었습니다. 사도 바울과 예수도 한 번 만났는데 다메섹 도상에서 만났다고 합니다. 그 한 번의 만남이 사도 바울이 되게 하였지,

그 만남이 없었더라면 사도 바울이 절대 될 수가 없었을 것입니다. 요한 웨슬리도 마찬가지입니다. 루터를 만나는데 그것도 친히 만나는 것이 아니라 루터의 『로마인서 강해』를 읽다가 루터를 만난 것입니다.

그러니까 이 만남이란 정말 마음과 마음이 만나는 것입니다. 지금 우리도 2천 년 전의 예수님을 충분히 만날 수 있습니다. 이 만남이란 시간의 제한을 받는 것이 아닙니다. 시간을 초월해서 만날 수 있고, 공간을 초월해서 만날 수 있고, 인간을 초월해서 만날 수 있습니다. 이런 만남이란 보통 만남이 아닙니다. 그러니까 한 번 만나면 족하지 두 번, 세 번 만날 필요가 없습니다. 왜? 한 번 만나면 그것으로 그 사람의 방향이 결정되기 때문입니다.

그래서 만남이란 것은 참 중요한 것인데 그 시대에 산 사람 가운데서 스승을 만날 수 있다면 그 이상 행복한 것이 없습니다. 플라톤은 인생에서 가장 행복한 것이 소크라테스를 만난 것이라고 했습니다. 소크라테스가 오늘날에는 대단한 사람이지만 플라톤 당시에는 거리바닥에서 헤매는 사람이었습니다. 공자는 "선생은 얼마든지 있다. 세 사람이 걸어가면 두 사람은 선생이다"라고 했습니다. 선생은 어디나 있는 것입니다. 우리가 만나지 못하는 것뿐입니다.

그런데 이 만남을 위해서는 찾아야 합니다. 찾아라. 문을 두

드려라. 제자라고 할 때는 반드시 찾는 것이 간절해야 됩니다. 율곡의 경우에도 율곡이 간절히 찾다가 이 퇴계를 만나고서 율곡이 된 것이지, 만일 아무 고민도 없고 빈둥빈둥 놀다가 퇴계를 한 번 만났다고 한다면 그것이 무슨 의미가 있었겠습니까. 그러니까 만난다고 할 때는 만나기 위한 자기 자신의 준비가 되어 있어야 하지, 아무런 준비가 없으면 백 번 만나도 아무 소용이 없는 것입니다. 이 준비라는 것도 상당히 중요한 것입니다.

그리고 스승을 한 번 만난다는 것이 왜 그렇게 중요한 것인가 하면 내게 있어서 스승은 절대가 되는 것이기 때문입니다. 스승에게 대해서는 이러고, 저러고 비판할 수가 없습니다. 스승은 절대입니다.

내가 전에도 말했지만 스승은 의사와 같은 것입니다. 환자에게 의사는 절대적입니다. 의사를 이러쿵저러쿵 비판할 수 있습니까. 어떤 사람은 병원에 찾아갈 때 아픈 곳을 숨기는 사람이 있습니다. 네가 정말 의사라면 날 알아 맞혀라. 꼭 무슨 무당처럼 생각하는가 봅니다. 그래서 알아맞히면 용한 의사고, 알아맞히지 못하면 시시한 의사라고 생각하는 환자가 있습니다. 환자가 되어서 의사를 만난다고 할 때 의사는 절대가 되어야 됩니다. 의사가 약을 먹으라고 하면 약을 먹고, 누워 있으라면 누워 있고, 앉으라면 앉고, 째라면 째고, 의사가 절대가 되어야지 의사를 시험해본다든가, 비판해본다든가 하는 것은 있을 수가 없습니다.

　이런 말을 하기가 뭣하지만 만일 여러분께서 저의 설교를 들을 때 설교를 잘한다든가, 못한다든가 하는 생각을 하면 안 됩니다. 저의 설교는 무조건 좋아해야 됩니다. 설교를 듣고 나와서 오늘 설교 잘했다든가, 못했다든가 그렇게 되면 그날 설교는 들은 보람이 없는 것입니다. 스승이라고 할 때 그 스승은 절대입니다. 왜 절대라야 하는가. 그것은 스승이 절대가 될 때 나라고 하는 것이 없어지기 때문입니다. 그렇게 되지 않겠습니까. 스승이 백이 될 때 내가 그만 제로가 되고 마는 겁니다.

　요전에도 십자가, 죽음, 하나님의 말씀을 듣는다고 했는데 여기에서 죽음이라고 하는 것을 무아라고 했습니다. 소아가 변해서 대아가 되기 위해서는 한 번 반드시 무아라고 하는 시대를 지나가야 합니다. 이 무아라는 시대를 지나가지 않으면 대아가 될 수가 없습니다. 그러니까 사람에게는 반드시 한 번 무아가 있어야 되는데, 무아가 되려면 스승에 대해서 절대적인 생각을 해야 합니다. 내가 무아가 되어야지 스승을 이렇다 저렇다 비판을 하게 되면 무아가 되지를 않습니다.

　그렇지만 결국은 스승이 문제가 아닙니다. 내가 훌륭하게 되기 위해서 스승이 한 번 절대가 되어야 한다는 것입니다. 스승이 절대가 아니라도 좋습니다. 내게 절대로 보이면 되는 것입니다.

초등학교 학생들은 선생님이 소변보는 줄을 모릅니다. 초등학교 학생들은 선생을 절대로 생각해요. 절대자가 어떻게 소변을 보겠어요. 그러니까 선생이 절대자가 되게 되면 선생의 흠이라든가, 단점이라는 것이 일체 안 보입니다. 보이면 안 됩니다.

여러분이 결혼을 한다고 할 때 상대를 당신이라고 부릅니다. 그 당신의 '당' 자는 마땅 당當 자인데 마땅하다는 말은 절대란 말이고, 혹은 이상적인 존재라는 말입니다. 우리에게 이상적인 존재는 하나님입니다. 기도할 때 '당신께서'라고 합니다. 하나님이 우리에게 절대적인 존재이기 때문입니다.

내가 내 아내에게 당신, 그럴 때 내 아내는 내게는 절대적인 존재입니다. 내 아내가 못 생기고, 잘 생기고가 없습니다. 그런 것이 있게 되면 그것은 아내가 아닙니다. 그건 남입니다. 내 아내가 밉게 생겼건, 곱게 생겼건 내게는 절대입니다. 남편도 마찬가지입니다. 내 남편이 밉게 생겼건, 잘 생겼건, 돈을 벌어 오건, 못 벌어 오건 내게는 절대입니다. 그러니까 당신이지 만일 그런 절대가 없이 우리 남편은 돈을 못 벌어 와서 틀렸다고 생각하면 무슨 당신입니까. 무신無身이지. 그러니까 남편이나 아내는 절대입니다.

옛날부터 '군사부 일체君師父一體'라는 말을 썼는데 임금은 절대입니다. 스승도 아버지도 절대입니다. 이 세계는 절대의 세계이지, 상대적으로 왈가왈부할 세계가 아닙니다.

　스승이 절대가 될 때 나는 무가 됩니다. 남편이 절대가 될 때 나는 무가 되는 것입니다. 이 무를 거쳐야 성숙한 사람이 되지 그 무를 거치지 못하면 성숙한 사람이 될 수가 없습니다. 내가 요전에도 말했지만 싸움하는 사람은 작은 사람입니다. 절대라는 생각이 있을 때 부부싸움을 어떻게 합니까. 절대라는 생각을 할 때 나는 무입니다. 나는 없다고 하는 경험을 한 번 해야 사람이 되는 것입니다. 우리가 사람 되기 위해서 스승이 필요한 것입니다.

　나는 함석헌 선생 시간에도 가보고, 유영모 선생 시간에도 가 보았습니다. 함석헌 선생의 시간에는 추운 겨울에 불을 때지 않아도 2백여 명이 모이고, 유영모 선생 시간에는 3~4명 밖에 모이지 않습니다. 그런데도 내게는 유영모 선생이 절대지, 함석헌 선생이 절대가 아닙니다. 나는 그래서 할 수 없이 함석헌 선생을 떠나서 유영모 선생에게로 갔습니다. 유영모 선생은 내게 절대입니다.

　함석헌 선생의 작품 속에 있는 '우리 선생님'은 전부 유영모 선생입니다. 지난 2월 3일은 유영모 선생이 세상 떠난 지 1주기라 선생님 댁에서 예배를 드렸습니다. 함석헌 선생은 유영모 선생을 20살 때부터 스승으로 모셨으니까 60여 년을 모신 분인데 근래에 박 정권을 놓고 두 분의 정치적인 견해에 차이가 생겨서 스승과 제자의 사이가 멀어졌습니다.

물론 함 선생이 허리를 다치셔서 그랬지만 장례식에도 못 왔습니다. 그런데 이번에 추도식 때에 함 선생이 오셔서 유영모 선생의 영전에서 "내가 어리석어서, 선생님과 정치적인 의견이 다르다고 해서 그동안에 선생님을 멀리 했는데 지금 가만히 생각해 보니 내가 죽을 죄를 지었으니 선생님, 날 용서해 주십시오" 하며 백발이 성성한 함석헌 선생이 충정으로 자기가 죽을 죄로 잘못했다고 하는 고백을 했는데 정말 놀랐습니다. 우리가 사회적으로 볼 때 함 선생이 잘못한 것은 아무것도 없습니다. 잘한 것이 더 많습니다. 그러나 그분이 선생님 앞에서 자기가 죽일 놈이라고 하며 참회하는 것을 보면서 함 선생의 위대함에 다시 한 번 놀랐습니다.

그러니 역시 제자라는 것은 선생님 앞에서는 무입니다. 자기가 공이 되고, 선생님이 백이 되는 데에서 스승의 위대함이 있고, 역시 제자의 위대함이 있는 것입니다. 그런 사람이니까 함 선생은 82세이지만 또 발전하는 것입니다. 그렇게 선생 앞에 자기를 무조건 공으로 만들 수 있는 존재는 무조건 커집니다. 그래서 우리가 선생이 절대라는 것이지, 선생님이 잘나서 절대라는 것이 아닙니다.

제자와 스승과의 관계가 된 곳에만 절대가 있는 것이지 다른 곳에서 절대를 찾기란 참 어렵습니다. 여러분도 어떻게 해서든지 스승을 가져야만 합니다. 스승을 가지는 것처럼 행복한 것은 없습니다.

스승의 모습

1982년 2월 28일

누가복음 9:22~36

예수께서 기도하시는 동안에 그 모습이 변하고, 옷이 눈부시게 빛났다. 그러나 난데없이 두 사람이 나타나 예수와 함께 이야기하고 있었다. 그들은 모세와 엘리야였다. …… 그 두 사람이 떠나려 할 때 베드로가 나서서 "선생님, 저희가 여기서 지내면 얼마나 좋겠습니까! 저희가 초막 셋을 지어 하나는 선생님께, 하나는 모세에게, 하나는 엘리야에 드리겠습니다" 하고 예수께 말하였다.

누가복음 9장의 유명한 말이 '산상 변화'인데 산꼭대기에서 예수님의 모습이 변화하였다는 것입니다. 그래서 오늘은 〈스승의 모습〉을 생각해 보겠습니다.

그런데 이 모습은 보통 예수님의 모습이 아니라 변화된 모습인데, 희고 광채가 났다고 되어 있습니다. 예수님께서 올라간

산이 3,300m의 헬몬 산인데 이 산은 사철 눈에 덮여 있어요.

흰 눈에 덮인 산을 보면 신성하고 거룩하게 느껴지는데 헬몬 산이 '거룩한 산'이라는 뜻입니다. 그래서 예수님이 희게 변화한 것도 있겠지만 헬몬 산의 모습 그 자체가 예수님의 모습이 아니었나 하는 생각도 하게 됩니다.

얼마 전에 설악산엘 갔었는데 정말 설악도 하얗게 눈이 덮였어요. 서울은 서쪽 끝인데 동쪽 끝은 여기와는 달라요. 여기는 눈이 안 왔지만 거기에는 2~3일 전에도 이미 눈이 15cm가 왔고, 그날도 눈이 하얗게 덮였는데 얼마나 깨끗하고 신성하게 보이는지 말로 표현할 수가 없을 정도입니다.

"설악"이라는 제목으로 거기서 몇 자 적어 봤어요. "설악, 아아!"인데 사실은 글로 쓰니까 "아아!"이지, "야아!"입니다. 오늘도 아침에 중강당에 들어서면서 철쭉을 보고서 얼핏 내게서 나오는 소리가 "야아!"입니다. 여러분도 설악산에 가 보면 "아아" 그럴 사람은 없을 겁니다. "야아!" 한없는 감탄사지요. 그리고 흰 눈을 보면 순수하고 깨끗하다 하여 '순수'라는 말을 안 붙일 수가 없습니다. 철쭉도 순수한 거지요. 자연이란 원래가 깨끗한 거고, 자연 속에는 더러운 것이 없는 것이지요. 더럽다고 하는 것은 사람에게 붙어 있는 것이지, 자연에게는 해당되는 말이 아닙니다. 사람은 매일 세수해야 되지만 토끼는 세수 한 번 안 해도 더럽지 않습니다. '순수한 모습'이라고나 할까요. 겨울에 꽃이 피었다고 하면 모순이지요. 모순이란 이론적으로 맞지 않는 것입니다.

이 글의 맨 마지막에 "아아, 흰 꽃, 설악은 하늘의 흰 꽃"이라는 구절이 있습니다. 설악에는 천화대가 있는데 하늘에 핀 꽃이라는 뜻이지요. 천화대 맞은 편에 또 화채봉이 있는데 동해의 햇빛을 받아 빛나는 꽃이라는 뜻입니다. 그러니까 설악에 가보면 설악을 한 송이 꽃이라고 느끼지 않을 수가 없고, 설악을 볼 때 "야아!" 하고 감탄사가 나오지 않을 수 없고, 눈에 덮인 자연이 하도 깨끗하니까 순수하다는 말이 나오지 않을 수 없게 되는 것입니다. 꽃은 봄에 피는 건데 엄동설한에 핀 꽃이니까 모순이라고밖에 표현할 수가 없는 것이지요. 그래서 순수한 모순이라고 했습니다. 그리고 한 송이의 설악이라고 하고, 흰 꽃을 보면 누구나 가슴 속으로부터 터져 나오는 기쁨이라는 것이 있습니다.

일요일 아침 7시에 떠나서 비선대로 해서 금강굴에 올라갔습니다. 금강굴은 장군봉의 복판에 뚫린 굴인데 옛날 원효대사가 수도하던 곳입니다. 금강굴에 올라가서 1분 정도 있으니까 안개가 벗겨지고 대청봉에 햇빛이 비쳐오는데 정말 한 송이의 꽃을 보는 것 같았습니다. 불국사의 석굴암이 좋다는 것은 석굴암의 부처님의 모습을 동해 바다의 아침 햇빛이 비칠 때 보면 정말 웃는 얼굴 같고, 피가 홍조된 모습 같아서 누구나 살았다는 생각을 하게 되고 돌맹이라는 생각을 하지 않게 되기 때문이지요. 대청봉에도 햇빛이 비치니까 살았지 산 같지가 않아요. 그러면 한 번 읽겠습니다.

설악, 아아, 순수한 모순, 기쁨, 얼어붙은 산, 눈에 덮인 물, 아아, 설악의 모습은 웅장도 하다. 설악은 한마디로 '아아' 하고 감탄할 수밖에 길이 없다. 휑하니 뚫린 용석골에는 얼음 밑에 눈을 녹이는 맑은 물이 흘러가고 있다. 1,250m의 우뚝 솟은 독 바위는 하늘을 찌를 듯 높이 솟아 있다. 화채봉의 햇살은 천화대에 메아리치고 칠형제의 뫼뿌리는 꽃처럼 피어난다. 아아, 순수한 모순, 말과 글과 모든 상상을 넘어서서 설악의 모습은 장엄도 하다. 설악은 아아, 한 떨기 흰 꽃, 험한 골짜기에는 눈이 덮이고, 하늘을 찌르는 봉우리마다 얼음이 빛나고 있다.

아아, 설악은 순수한 모순이다. 텅 비인 골짜기와 우뚝 솟은 봉우리가 서로 싸우고 한데 어울려 어떤 때는 웃고, 어떤 때는 운다. 안개가 어느덧 봉우리를 메꾸고 골짜기를 덮어 우는 것일까. 바람이 불어 또다시 봉우리가 드러나고, 골짜기가 열리기 시작하여 웃는 것일까. 아아, 설악. 생각을 넘어서고, 표현을 불허하는, 얼어붙은 산이요, 눈에 덮인 물이다. 다만 솟아오르는 기쁨이 하늘땅에 가득 찬다.

설악, 아아, 순수한 모순, 그것은 기쁨뿐이다. 이 기쁨은 어디서 솟는 것일까. 그것은 순수한 모순에서 오는 것이다. 모순에서 터져 나오는 기쁨이기에 그것은 수많은 봉우리를 흔들고 싶고, 깊은 골짜기에 메아리친다. 아아, 설악의 산울림이 온 천하를 뒤흔든다. 설악은 우리의 것이면서 그것은 아무의 것도 아니다. 설악은 한없이 깊은 잠에 얼어붙어 있으며, 겹겹이 겹친 눈송이는 아침 햇살에 빛나고 있을 뿐이다.

아아, 동해 바다에 해가 떠오른다. 어두운 하늘이 밝아져 온다. 동해에 우뚝 솟은 설악의 뫼뿌리는 아아, 순수한 모순의 놀이터인가. 깊이 잠든 설악의 겨울은 한 폭의 그림 없는 그림. 하늘땅에 가득 찬 눈에 덮인 설악, 아아, 순수한 모순, 기쁨, 누구의 것도 아닌 얼어붙은 잠. 겹겹이 쌓이고 꽃잎처럼 피어난 눈, 아아, 흰 꽃, 설악은 하늘의 흰 꽃.

이렇게 설악을 그려봤는데 이것은 내가 설악을 그리려고 그린 것이 아닙니다. 여러분도 짐작이 가시겠지만 이것은 그리스도를 그려본 것입니다.

그러니까 누가복음 9장에서 누가라는 제자가 그리스도의 모습을 산상 변화로 그려본 것처럼 우리는 한국 사람으로 태어나서 설악을 보았으니까 설악을 통해서 그리스도를 그려보는 것입니다.

여기에 모순이라는 말을 자꾸 쓰는 것을 십자가란 뜻입니다.

이 설악의 모습이 신앙적으로 말할 때 한없이 깨끗하고, 한없이 순수하고, 한없이 장엄하고, 엄숙한 그리스도의 모습이지요.

릴케는 이것을 장미라는 시를 통해서 나타내고 있습니다. "장미, 아아, 순수한 모순, 기쁨. 누구의 것도 아닌 잠. 겹겹이 겹쳐진 눈썹." 릴케도 장미를 그려본 것이지만 릴케 마음속의 대상도 물론 그리스도이지요. 릴케가 그리스도를 어떻게 표현할까 할 때 이 사람에게는 세상에 제일 아름다운 것이 장미니까 역시 장미를 그리스도로 표현할 수밖에 길이 없었지요.

그렇지만 난 시인이 아니어서인지 장미를 보아도 별로 느낌이 없습니다. 빨갛다든가, 가시가 있다든가, 그런 생각이 나지 굉장한 생각은 안 나요. 그런데 눈에 덮인 설악을 보니까 그것은 정말 굉장한 감격을 불러일으켜요. 그래서 장미라는 말을 설악이라는 말로 바꿔서 적어본 것입니다.

릴케는 "겹겹이 겹친 눈썹" 그랬지만 난 "겹겹이 겹친 눈송이" 이렇게 바꾼 것이지요. 그러니까 결국 릴케나 나나 생각하는 것은 그리스도의 인격과 그리스도의 사상에 대해서 그렇게 느끼고 감격하는 것입니다.

1,250m란 말을 왜 하느냐 하면 물론 독 바위가 높아서이지만 그리스도의 인격이 그렇게 높다는 것입니다. 왜 또 용석골 얘기를 하느냐 하면 그리스도의 사상이 그렇게 깊다는 것이지요. 그런데 사상이란 깊이 생각하면 할수록 쉽게 표현이 됩니

다. 그리스도를 장미나 설악으로 표현하면 쉬운 거지요.

우리가 복음이라고 할 때 예수님의 말씀처럼 쉬운 말이 어디 있습니까. 초등학교 어린이도, 나이가 많이 들어서도 다 알 수 있는 것이지요. 그러나 그렇게 쉽게 표현이 되려면 한없이 깊은 생각을 해야지, 그저 쉽게 간단히 표현되는 것이 아닙니다.

언제나 깊이 생각하고, 쉽게 표현하는 것이 말하는 사람의 이상일 것입니다. 예수님의 이상은 한없이 깊기 때문에 예수님 생각을 표현하느라고 나오는 책이 몇 만 권이나 되지 않겠습니까. 그런데 그 학자들이 아무리 파고 들어가도 예수님의 생각 밑바닥에는 도달할 수가 없습니다. 한없이 깊으니까 그 사람들이 표현한 것은 다 어렵게 되어 있어요. 아직 생각이 깊지 못하기 때문에 어렵게 표현될 수밖에 없는 것이지요. 예수님의 말씀은 누구나가 다 알 수 있지만 한없이 깊은 말씀입니다. 괴테도 "앞으로 어떤 종교나 어떤 사상이 나와도 예수님의 생각을 넘어설 사상이나 종교는 안 나올 것이다"라고 말했습니다.

예수님의 인격은 한없이 높습니다. 우리가 예수의 인격에 대해서 말할 때 "예수님은 하나님의 아들이다"라고 말하는데 얼마나 높으면 하나님의 아들이라고 하겠습니까. 또 성경에 예수님께서 첫출발을 할 때인, 세례 요한에게 세례를 받고 물에서 나올 때와 또 마지막에 십자가를 지려고 할 때 "하늘 문이 열리고 하늘에서 소리 있어 가로되, 이는 내 사랑하는 아들이요, 기뻐하는 자다"라는 말이 나옵니다.

그러니까 예수님을 어떻게 하려고 해도 할 수가 없는 것이지요. 공산주의자들이나 무슨 주의자들은 이 사람도 욕하고, 저 사람도 욕하지만 예수를 욕하는 사람은 없다고 하지 않습니까. 니체 같은 무서운 독설가도 바울을 놓고는 죽으라고 욕하면서도 예수만은 어떻게 못합니다. 세상에 니체 같은 독설가가 어디 있습니까. 신은 죽었다고 그랬으니까. 그러면서도 예수는 죽었다는 말을 못합니다. 예수처럼 그렇게 훌륭한 사람은 없다고 그러지요.

칼라일이 인물전을 쓰면서 세상에 있는 훌륭한 사람들의 이야기는 다 쓰면서도 그 속에 예수를 넣지를 못합니다. 왜? 사람이라고 하기에는 너무 높다는 것이지요. 그러니까 높다는 것과 깊다는 것, 이 두 가지가 예수님의 모습이라고 볼 수가 있습니다.

우리가 설악에 갔는데 설악이 하도 높아 보이고, 용석골 골짜기가 하도 깊어 보이니까 그것으로밖에 표현을 못하는 것뿐입니다. 에베레스트에 예수님의 모습을 비교하기도 합니다. 하지만 비교한다고 할지라도 에베레스트가 높아야 얼마나 높겠습니까. 다 하늘 아래 납작한 뫼이지요. 그러니까 실지로 예수의 인격이란 굉장히 높은 것입니다. 그래서 산에서 변화했다는 것을 무엇이 됐다, 라는 것이기 보다 예수님의 본체가 그렇게 높고 깊은 것이다, 라고 생각하는 것이 좋을 것입니다.

그 본체와 그 모습을 보고서 "야아!" 하는 것, 그것이 신앙입니다. 믿음이 별것입니까. 사람이 일생을 살아서 한번 "야아!" 하고 감격해 보는 것, 그것이 믿음입니다. 그러나 그것이 쉽지가 않아요.

아마 여러분들도 예수 믿느라고 교회 다닌 분들이 많을 것입니다. 한 번 예수의 인격과 사상 앞에 "야아!" 한다는 것, 이 "야아!"라고 하는 것은 말로는 못하는 것이지요. 이성적으로 어떻게 설명이 안 된다는 것입니다. 결국은 이성의 차원을 넘어설 수밖에 없다는 것입니다.

이 이성의 차원을 넘어선다는 것을 우리는 신앙이라고 그럽니다. 이성의 차원을 넘어서지 않으면 신앙이 되지를 않아요. 그러니까 우리가 일생에 한 번은 이 이성의 차원을 넘어서서 예수님이면 예수님께 대하여 "야아!" 하는 감격이 있어야 합니다.

인생이 산다고 하는 것이 감격이 있어서 사는 것이지 감격이 없다면 산다고 할 수 없는 것이지요.

우리가 '사랑'이라고 하지만 사랑이라는 것이 무엇입니까. 감격이지요. 감격하고 사는 겁니다. 오늘 꽃을 사랑한다고 할 때 꽃을 보고 "야아!" 하고 감격을 했으니까 꽃이 사랑이 되지 감탄하지 않았다면 꽃이 어떻게 사랑이 됩니까. 들에 핀 한 송이의 백합화를 보고도 "야아!" 할 수 있을 때 백합화가 내 속에 들어오는 것입니다. 이 "야아!" 하는 한마디에 그만 내 가슴이 터지는 겁니다. 이렇게 내 가슴이 탁 터져야 내 속에서 기쁨도 있을 수가 있습니다. 그러니까 신앙생활이란 항상 기뻐하라는 기쁨의 생활이고, 이 기쁨의 생활이란 감격을 느끼지 않고는 있을 수가 없습니다.

아까 읽어드린 성경에 베드로가 자기가 그런 말을 하면서도 왜 그런 말을 하는지를 몰랐다고 하는데, 하도 감격스러워서 그만 이성이 작용을 하지 못했기 때문이지요. 이성 이상의 것이 작용하는 것을 보고, 성령의 역사라는 말을 쓰는 것입니다.

이성 이상의 것이 작용해서, 산다는 것을 현대말로는 '실존'이라는 말로 씁니다. 맨 밑에 물질을 놓고, 물질 위에 생명을 놓고, 생명 위에 이성(정신)을 놓고, 이성 위에 실존이라는 말을 씁니다.

실존이란 더 쉽게 말하면 '신성神性'이라고 합니다. 우리가 신성을 느끼는 것, 그것을 '신앙'이라고 하지요. 우리가 하나님을 믿는 것이 그것입니다. 이성이라는 것을 넘어서서 실존주의를 '엑지스탄스(existence)'란 말로 쓰는데 이 '엑스(ex)'라는 말은 '밖으로'란 말이고, '시스텐스(sistence)'라는 말은 '밖에 나가선다'는 말입니다. '황홀'이라는 말로도 쓰는데 오묘하다, 아찔하다, 아득하다는 뜻이지요. 그러니까 우리가 "야아!" 할 때

이건 오묘하고 아찔한 것입니다.

우리가 꽃을 보고 "야아!" 하는데 이 꽃 한 송이를 사람이 이렇게 만들 수가 있습니까. 이것은 정말 하나님의 작품이지요. 이 하나님의 작품을 대할 때 "야아!" 하고 감탄을 하지 않을 수가 없습니다. 그런 "야아!"를 통해서, 꽃의 아름다움을 느끼면서 하나님의 위대한 솜씨에 감격을 하는 것입니다.

하나님의 위대한 솜씨에 감격하는 것을 다르게 말하면 하나님의 위대한 솜씨를 찬양하는 것입니다. 이 "야아!"가 하나님께 대한 찬양이에요. 그러니까 예수 그리스도란 분을 한 포기의 철쭉이라고 해도 좋고, 장미라고 해도 좋고, 설악이라고 해도 좋습니다. 뭐라고 해도 좋지만 이 세상에 태어났던 사람 가운데서는 가장 아름다운 꽃이라고 보아야 되겠지요. 이 가장 아름다운 꽃을 보고서 한 번 "야아!" 하고 감격 하는 것, 이것이 바로 신앙인 것입니다.

또 아까 읽어드린 성경 말씀에 모세와 엘리야가 나왔다고 했는데 모세와 엘리야는 율법과 선지자를 상징합니다. 마태복음 7장 12절에 보면, "너희는 남에게서 바라는 대로 남에게 해 주어라"라는 말이 있습니다. 미국 사람들은 성경을 축소시켜 놓으면 7장 12절로 요약된다고 합니다. 그것을 '황금률'이라고 하여 미국 헌법은 황금률에 토대를 두었다고 합니다. 예수님께서는 "이것은 율법과 선지자의 대강령이다"라고 하셨습니다. 그것은 율법과 선지자를 다 합쳐 보면 이 말씀이라는 것입니다. 마태복음 5장 17절에 "내가 율법과 선지자를 완성하러 왔다"고 했지요. 모세와 엘리야와 예수를 놓고 보면, 모세와 엘리야를 완성하는 것이 예수입니다. 그러니까 여기 세 인물이 나타나는데 모세는 '깬 사람'이고, 엘리야는 '산 사람'이고, 예수는 '큰 사람'입니다.

유태 민족 문화의 원천은 모세에 있습니다. 매일 유태 사람들이 교회에 모여서 읽는 것이 모세의 오경입니다. 그렇기 때문에 마호멧이 모세 오경을 얼마나 부러워했는지 모릅니다. 마호멧은 언제나 나도 한 번 우리 아랍 족속의 모세가 되었으면 좋겠다는 생각을 했습니다. 그것이 마호멧의 기도지요.

그런데 정말 마호멧은 아랍 족속의 모세가 됐습니다. 모세 오경 같은, 코란이라는 경전을 내놓은 것이지요. 그러니까 모세는 유태 문화의 근원입니다. 그리고 엘리야는 그 당시 이방 사람 속에서 유독 유태의 민족정신을 살려낸 사람입니다.

이것을 우리나라에 비교하면, 모세는 세종대왕 같은 사람입니다. 세종대왕은 우리 한글을 만든 사람이요, 한글은 우리 민족문화의 근원입니다. 세종대왕 이전에는 다 한漢 문화였지 우리 문화가 어디 있습니까. 그리고 우리 민족을 살린 사람은 이순신이라고 생각합니다. 그러면 지금 우리에게 필요한 사람은 어떤 사람입니까. 세종대왕과 이순신을 통합한 어떤 존재가 우리에게 필요하다고 생각합니다.

내일이 삼일절인데 공약 3장의 첫 조건이 주체성입니다. 2장이 언론의 자유입니다. 3장이 질서입니다. 그러니까 삼일 운동의 셋은 살아야겠다, 깨야겠다, 그리고 커야겠다. 즉 질서정연하게 행동할 수 있는 어른스런 사람이 되어야겠다는 것이지요.

산상 변화에도 삼일 운동이 나옵니다. 모세와 엘리야와 예수가 나오는데, 예수가 두 사람과 같이 나타나지요. 예수라는 속에 한없이 깊은 문화와 한없이 높은 인격이 통합되어 나오는 겁니다.

문화와 인격은 여러분이 늘 생각해야 되는데 인격은 귀에서 나옵니다. 문화는 눈에서 나옵니다. 문화는 눈을 뜨고 본 것을 말하는 것이 문화고, 인격은 귀로 들리는 것을 코로 살면 그것이 인격입니다. 우리가 살았다고 할 때는 코인데 코가 산같이 높지 않습니까. 입이라고 하는 것은 바다처럼 깊지 않습니까. 결국은 예수라는 사람이 코도 상당히 높고, 입도 상당히 깊은 것입니다.

쉽게 말하면 귀가 뚫려서 하늘의 명령을 듣고, 그것을 실천하는 사명이 있을 때 비로소 인격이란 것이 나타나는 것입니다. 내가 어떤 사명을 지니고 살아야 하는가를 깨달았을 때 인격이라는 것이 나타나는 것입니다. 그것이 없으면 인격이 나타나지 않습니다. 그리고 눈을 뜨고 보면서 이것은 이렇다, 저것은 저렇다를 말할 수 있을 때 문화라는 것이 나옵니다. 그것은 개인에게나 민족에게나 마찬가지입니다.

우리가 무엇을 하기 위하여 사는가, 하는 사명의식을 가질 때 우리 민족의 인격이 나오는 것입니다. 주체성이라는 것이지요. 이 사명의식이 없으면 주체성이 없습니다. 또 우리가 눈을 뜨고서 무엇을 옳다 그르다, 라고 말할 수 있을 때 언론의 자유가 나오는 것이지, 그저 자기가 하고 싶은 말을 다한다고 하는 것이 언론의 자유는 아닙니다. 눈 감은 사람이 무슨 말을 합니까.

귀가 뚫렸다든가, 눈이 뚫렸다든가 하는 것이 결국은 하늘의 아들이라는 말입니다. 이 코의 산과 입의 바다는 땅에 속한 것이지요. 그러나 이 두 눈 중에 하나는 태양이고, 하나는 달입니다. 이 눈과 귀는 하늘에 속한 것입니다. 우리가 눈과 귀가 뚫린 사람을 총명한 사람이라고 하는데 귀 밝을 '총'과 눈 밝은 '명' 입니다. 귀가 뚫리고 눈이 밝아질 때 하늘에 속한 사람이지요. 하늘에 속한 사람이 될 때 하늘의 아들이라고 말할 수 있습니다.

그러면 기독교인이란 무엇인가. 기독교인이 이 나라에서 할 일이 무엇인가. 우리는 이 나라의 귀가 되고, 이 나라의 눈이 되어야 하는 것입니다. 예수 믿고 천국에 가는 것이 아니라 이 땅에 하늘을 임하게 하는 것입니다. 뜻이 하늘에서 이루어진 것처럼 땅에서도 이루어지게 만드는 것입니다.

제자들의 행복

1982년 3월 7일

누가복음 10:17~24

하늘과 땅의 주님이신 아버지, 지혜롭다는 사람들과 똑똑하다는 사람들에게는 이 모든 것을 감추시고 오히려 철부지 어린이들에게 나타내 보이시니 감사합니다. 그리고 예수께서 제자들에게 말씀하셨다. 너희가 지금 보는 것을 보는 눈은 행복하다.

누가복음 9장에서 제일 중요한 것은 산상 변화의 이야기고, 누가복음 10장에서는 착한 사마리아 사람의 비유를 중요한 이야기로 꼽을 수 있습니다.

오늘은 산상 변화의 이야기와 착한 사마리아 사람의 비유 사이에 있는 제자들에 관한 이야기를 하려고 합니다. 누가복음 9장 마지막 부분을 보면 제자들에게 "너희가 나를 따르려면 이렇게 해라"는 말이 있습니다. 또 10장 처음 부분을 보면 제일 먼저 일흔 두 제자를 내보내는 기사가 나와 있습니다. 그런 것으로 보아 아마 예수님의 제자가 일흔 두 명이었던가 봅니다. 우리들에게는 흔히 열두 제자로 알려졌지만 열두 제자란 것은 특별한 사람들이고, 예수님께서 내 제자라고 생각한 사람은 모두 일흔 두 사람이었던 것 같습니다.

공자의 제자인 열 사람도 아주 독특한 사람들입니다. 철학이라는 철哲 자를 붙여서 '십철十哲'이라고 합니다. 그리고 공자의 제자 가운데는 70제자가 더 있었습니다. 공자에게 70제자가 있었고, 공자를 쫓아다닌 사람이 3천 명이나 되었듯이 예수님을 쫓아다닌 사람은 5천 명 ― 5천이든, 3천이든 하여튼 많은 사람이 쫓아다닌 것만은 사실이었으리라 생각합니다 ― 이라고 하니까 그 가운데 특별히 제자라고 할 수 있었던 사람은 70내지 72인이었고, 그중에서 더 특별히 꼽을 수 있는 제자가 열 명 내지 열두 명이었을 것입니다.

예수님이 내보냈던 일흔 두 제자가 돌아와서 보고를 하였는데 그 보고의 내용이 17절부터 읽은 내용입니다. 그 보고 내용이란 바로 크게 성공했다는 것입니다. 크게 성공했다는 것은 바로 사귀邪鬼를 내쫓는데 성공했다는 것입니다. 그러나 예수께서는 너희가 사귀를 내쫓았다고 기뻐할 것이 아니라 한 걸음 더 나아가서 너희 이름이 하나님 나라의 생명록에 기록될 것을 기

제자들의 행복 139

뻐하라고 말씀하셨습니다. 예수님께서는 아주 감격하셔서 "아버지, 세상에 똑똑한 사람, 많이 아는 사람들에게는 감추시고 어떻게 이 철부지 같은 사람들에게만 그 뜻을 계시해 보여 주십니까" 하고 말씀하셨습니다. 이리하여 이 세상에 그들처럼 행복한 사람들은 없게 되었습니다. 그래서 오늘의 제목을 〈제자들의 행복〉이라고 하였습니다.

　세상에서 제일 행복한 것은 하나님의 뜻을 아는 것입니다. 하나님의 뜻을 아는 방법은 그리스도를 가지는 것입니다. 그리스도를 어떻게 가질 수 있을까. 제 경험으로는 선생님을 가지는 데서부터 시작됩니다.

　진리를 깨닫는 방법은 여러 가지가 있겠지만 그중에 가장 가까운 방법은 스승을 가지는 것입니다. 소크라테스의 제자 플라톤도 행복의 원인 네 가지를 드는데 문화의 중심인 희랍에서 태어났다는 것, 문화의 전승자인 귀족으로 태어났다는 것, 문화에 접근할 수 있는 남자로 태어났다는 것, 문화의 통일자인 소크라테스를 스승으로 가졌다는 것을 들었습니다. 그중에서도 문화의 통일자인 소크라테스를 스승으로 가졌다는 것이 무엇보다도 행복한 것이라고 강조하였다고 합니다.

　바로 세상에서 제일 행복한 것은 자기 입장을 가진 스승을 가지는 것입니다. 나는 지금 64세입니다. 64년 동안을 살면서 나 자신을 돌아볼 때 나는 참 행복한 사람이라고 생각합니다.

남들이야 나를 어떻게 생각하건 말건 나 스스로는 나를 굉장히 행복한 사람이라고 생각하는데 바로 스승을 가졌다는 것 때문입니다. 나는 유치원에도 다녀보고 초등학교, 중학교, 고등학교, 대학교, 대학원까지 다녀 보았습니다. 그러나 그때까지는 스승이 없었습니다. 29살까지는 스승을 가지지 못하였습니다. 스승을 가지지 못하고 살 때는 굉장히 괴로웠습니다. 환난고초가 파도처럼 밀려왔습니다. 한없는 어려움이 나를 괴롭혔습니다. 그런데 29살 때부터 스승을 갖게 되었고, 그때부터는 어려움도 괴로움도 없었습니다.

그런데 작년 봄에 저의 선생님이 세상을 떠나셨습니다. 그래서 스승을 가져야 하는데 어떤 분을 스승으로 모실까 생각하며 찾아 다녔습니다. 그러다가 우연히 김동길 선생님 덕분에 스승을 다시 가지게 되었는데 그 스승님은 붓글씨를 쓰시는 분입니다. 이제 나는 붓글씨 쓰시는 선생님을 모시게 된 것입니다. 그분은 바로 김응섭 선생님이신데 나는 그분에게 붓글씨를 배우고 있습니다. 나뿐만이 아니라 김동길 선생님도 같이 배우고 있습니다. 저는 요사이 무척 행복합니다. 왜냐하면 선생님을 가졌기 때문입니다.

내가 젊었을 때 배운 과목은 과학입니다. 고등학교 시절에는 인문과학, 대학 시절에는 사회과학을 배웠으며, 졸업하고서는 또 자연과학을 배웠습니다. 그러니까 그때 배운 것은 과학을 배운 것입니다. 그러나 그 후 29살부터 배운 것은 철학입니다. 그 다음에는 계속해서 종교를 배웠습니다.

그리고 작년 10월부터 붓글씨를 배우기 시작했습니다. 붓글씨는 내게 있어서 예술입니다. 아직도 사군자는 칠 줄 모르지만 조금 있으면 사군자도 칠 수 있을 것입니다. 이제 나는 난초도 그릴 수 있고, 매화도 그릴 수 있게 될 것입니다. 얼마 전에 선생님이 글씨를 써오라고 하셔서 써가지고 갔더니 선생님이 굉장히 칭찬을 하시며 자꾸 국전에 내라고 하셨습니다. 국전에 내면 특선감이라고 하셨습니다. 내가 붓글씨를 쓴 지 넉 달이 되었는데 이제 한 2년만 지나가면 아마 난초도 제대로 그릴 수 있을지 모릅니다.

난 인간에게서 가장 중요한 것이 네 가지가 있다고 생각합니다. 그 네 가지란 예술과 과학과 철학과 종교입니다. 사람은 이 네 가지를 가져야 살 수 있다고 생각합니다. 누구나 다 어느 정도는 가지고 있습니다. 전문적이지는 못하더라도 어느 정도 기타도 칠 줄 알고, 꽃꽂이도 할 줄 알고, 노래도 부를 줄 알고, 예술에 대한 소양을 가지고 있습니다. 또 어느 정도 살림할 줄 아는 기술과 학문을 가지고 있습니다. 김치도 담글 줄 알고, 음식도 만들 줄 알고. 바로 살림할 줄 아는 기술, 그것이 과학입니다.

그리고 사람은 어느 정도 인생에 대한 하나의 이해를 가지고 있습니다. "인생은 어떤 것이다. 어떻게 살아야 된다" 그것이 곧 철학입니다. 그리고 또 사람은 누구나 신앙이라고 해도 좋고, 종교라고 해도 좋고, 믿음이라고 해도 좋은, 어떤 종교적인 차원을 가지고 있습니다. 그것은 크든지 작든지 누구나 가지는 것입니다. 우리가 공부를 한다고 하는 것은 조금 더 거기에 대한 자각을 깊이 가지는 것일 뿐이지 나는 그것이 아주 없는 사람은 없다고 생각합니다.

나는 어렸을 때부터 대학을 졸업할 때까지 과학적인 것을 배웠으며, 그다음에는 한동안 철학적인 것을 배웠고, 지금은 또 예술적인 것을 배우고 있습니다. 인생을 살아가면서 언제나 그때그때의 스승들이 필요한 것입니다. 그리고 그 스승을 가지고 있는 동안만은 사람은 행복한 것입니다.

누가복음 9장 46절에서 48절을 보면 제자들 사이에서 그들 중에 누가 가장 위대하냐 하는 식으로 논쟁이 벌어졌습니다. 예수께서 그들의 마음에 일어난 논쟁을 아시고 한 어린이를 데려다가 곁에 세우셨습니다. 그리고 제자들에게 말씀하셨습니다. "누구든지 내 이름으로 이 어린이를 영접하면 나를 영접하는 것이요, 누구든지 나를 영접하면 나를 보내신 분을 영접하는 것이다. 너희 가운데 가장 작은 사람이 위대한 사람이다." 예수님께서는 어린애 하나를 내세우시면서 이 세상에서 제일 높은 것은 어린애라고 하셨습니다. 그리고 더 나아가 이 어린애 같지 않으면 결코 천국에 들어갈 수 없으며, 이 어린애를 배척하는 사람은 나를 배척하는 사람이요, 하나님을 배척하는 사람이라고 말씀하셨습니다.

하나님과 예수님과 어린애는 삼위일체라는 것입니다. 우리가 성부·성자·성령 혹은 성신이라고 하는데, 성령 혹은 성신은 어린이에게 가장 잘 표현이 되어 있습니다. 그래서 예수님께서는 어린이가 성령의 대표자라고 하셨습니다. 여기서 어린이라는 말은 내 식으로 표현하면 얼인[靈]이인데 얼이란 성령입니다. 얼빠졌다든가 또는 얼이 갔다는 말을 얼간이라고 합니다. 좀 오래 된 생선처럼 얼이 좀 간 사람을 얼간망둥이라고 합니다.

오늘은 3월 첫 주일입니다. 3월 첫 주일에는 삼일절이 있는데, 삼일절이란 우리의 얼을 드러낸 날입니다. 우리가 삼일 운동을 기리는 것은 우리의 얼을 찾기 위해서입니다. 성경에서 얼이라고 하는 것을 성령이라고 하는데 성령의 상징은 얼이 충만한 어린이입니다. 그러므로 예수님께서는 9장에서 어린이를 배척하는 사람은 나를 배척하고, 나를 배척하는 사람은 하나님을 배척한다고 하신 것입니다.

그리고 10장에 가서는 제자들을 가리켜 철부지 같은 어린이라고 말씀하십니다. 세상 쪽에서 보면 철부지요, 하나님 쪽에서 보면 얼[靈]인 것입니다. 그러므로 제자들이 어린이가 되었을 때 제자들은 행복한 것입니다. 이때 제자들은 하나님과 하나가 된 것입니다. 그러니까 제자들을 배척하는 사람은 나를 배척하는 사람이고, 나를 배척하는 사람은 하나님을 배척하는 사람이 되는 것입니다. 제자와 예수와 하나님은 삼위일체입니다.

내가 성령을 선생님이라고 말하는 것은 선생님이란 예수님의 제자이기 때문입니다. 요한복음 15장에 "나는 하나님 안에 있고, 너희는 내 안에 있다"는 말이 기록되어 있습니다. 하나님과 나와 너희가 하나라고 예수님은 말씀하셨는데, 이것이 소위 예수님의 삼위일체 사상이 아니겠습니까.

워즈워드의「무지개」라는 시가 있습니다. "내가 하늘의 무지개를 볼 때마다 나의 가슴 설렌다. 어렸을 때도 그랬고, 지금도 그렇고, 앞으로도 그럴 것이다. 만일 내게 이런 설렘이 없다면 인생은 차라리 죽음만도 못하리. 어린이는 어른의 아버지, 내가 하나님께 간구하기는 나의 인생의 하루하루가 자연의 신비로 이어지기를." 릴케의 시 "장미, 아! 순수한 모순", "기쁨" 같은 말입니다.

무지개를 볼 때마다 가슴이 설렌다고 하는 말은 릴케로 말하면 "장미, 아! 순수한 모순"과 같은 말입니다. 지난번에 내가 설악산에 갔을 때 말한, '야!'와 같은 식의 말입니다. 어렸을 때도 야! 지금도 야! 앞으로도 야! 그저 감격뿐입니다. 그것은 어린이는 어른의 아버지라는 순수한 모순이기 때문입니다.

사실은 어른이 어린이의 아버지입니다. 거기에는 아무런 모순도 없습니다. 그러나 그것이 뒤집혀서 어린이가 어른의 아버지가 되면 순수한 모순이 됩니다. 이것은, '사실'은 아닙니다. '진실'일 뿐입니다. 진실 속에는 기쁨이 있습니다. 그렇기 때문에 순수한 모순, 그리고 기쁨이라는 말이 나올 수가 있는 것입니다. 그것이 바로 자연의 경건이요 신비입니다. 이 신비에서 기쁨이 넘치는 것인데 그것이 얼인이입니다. 성령의 충만이요 기쁨입니다. 워즈워드나 릴케나 같은 것입니다. 모두 성령의 충만이요 어린이입니다. 이런 어린이가 어른의 아버지입니다. 성령이 어른의 아버지입니다. 그 이유는 성령으로 만물이 창조되었기 때문입니다. 성령을 다른 말로 '말씀'이라고도 합니다. 말씀은 진리도 되고 이상도 됩니다. 어린이는 인간의 이상입니다.

니체는 인간의 3단계를 낙타와 사자와 어린이라고 합니다. 어린이는 인류의 이상입니다. 그러니까 어린이는 어른의 이상이요 아버지입니다. 인류 전체의 영원한 이상입니다. 인류 이상의 구현자, 그것이 성인이요 하나님의 아들입니다.

그런데 예수의 제자들이 성령을 받고 자기도 모르게 성인이 된 것입니다. 얼마나 행복하겠습니까. 우리가 성인이 되는 것입니다. 성인이 되면 행복합니다. 성인이 되면 어린이가 되는 것입니다. 난 집에서 텔레비전을 볼 때 만화 보기를 제일 좋아합니다. 왜냐하면 내 속에도 어린이 같은 데가 조금 있기 때문에 아직도 만화 보기를 좋아하나 봅니다.

요 얼마 전 우리 학교에 계시던 선생님 한 분이 세상을 떠나셔서 묘지에 갔다 돌아오는 길에 다른 선생님들은 학교로 가시고 나만은 곧장 집으로 오려고 서울역 앞 지하철 정류장으로 갔습니다. 지하철을 타려고 주머니를 뒤졌는데 돈이 하나도 없었습니다. 하는 수 없어 청량리까지 걸어갈 생각으로 서울역 앞 지하철 정류장을 빠져나오는데 하늘에서 빗방울이 떨어지기 시작하였습니다. 걸어갈 생각을 포기하고 두리번거렸습니다. 혹시나 우리 학교 학생이 있나 해서 살펴 본 것입니다. 그러나 보이지를 않았습니다. 택시를 타고 가는 수밖에 없어 택시를 타려고 택시 승하차대를 찾았습니다. 줄은 한없이 길게 늘어져 있어 한 시간 이상을 기다려도 탈 수 있을 것 같지가 않았습니다. 그래서 하는 수 없이 파출소로 들어가 사정 얘기를 하고 110원을 꾸어 가지고 지하철을 타고 집에 왔습니다. 그러나 이런 얘기는 집에 가서도 욕을 먹을까봐 말을 할 수가 없었습니다. 그러나 나는 행복했습니다. 어린애 같은 짓을 하였으니까 말입니다.

어린 아이들이 제일 행복합니다. 맹자와 노자는 "세상에 어린애처럼 강한 것은 없다"고 말했습니다. 집에서 어린아이들이 한번 울어 보채면 온 집안에 큰일이 납니다. 아버지가 와서 달래고 할아버지가 와서 얼립니다. 집안에서 가장 중심이 누군가. 아마도 어린이일 것입니다.

그러면 이 우주의 어린이는 누군가. 예수 그리스도입니다.

우리가 크리스천이라고 하는 것은 이 우주의 어린이가 되는 것이며, 어린이처럼 행복한 것은 없습니다. 배고파 울면 엄마가 달려와 젖을 주고, 추워하면 어머니의 젖가슴 속에 넣어 줍니다. 어린이는 걱정이 하나도 없습니다. 그러므로 제일 행복한 것은 어린이입니다.

니고데모가 예수에게 "우리가 어떻게 하면 어린이가 될 수 있을까" 하고 물었습니다. "성령으로 나지 않으면 어린애가 될 수 없다"고 예수께서 대답하셨습니다. 영생이 무엇입니까. 어린애란 말입니다. 성령은 무엇입니까. 그리스도의 제자요 선생님입니다. 사도 바울 같은 선생님입니다. 그분들은 다 성령에 충만한 사람들입니다.

어린이가 되는 법은 단 한가지 밖에는 없는데, 그것은 스승을 가지는 것입니다. 다른 말로 하면 성령에 충만해지는 것입니다. 스승을 갖게 되면 어린이가 됩니다.

마태복음 5장에 산상수훈이 있습니다. 우리는 흔히 그것을 팔복八福이라고 합니다. 마음이 가난한 자는 복이 있다고 하였습니다. 마음이 가난하다는 것이 무슨 뜻입니까. 스승을 가진 사람의 행복을 말하는 것입니다. 어떤 사람의 마음이 가난합니까. 스승을 가지면 마음이 가난합니다. 어머니를 가진 어린아이는 아무 욕심이 없습니다. 욕심을 부릴 필요가 없기 때문입니다. 울기만 하면 어머니가 젖을 먹여 주는데 무슨 욕심이 필요하겠습니까. 마음이 가난한 사람 중 누가 가장 마음이 가난하겠습니까. 어린이가 마음이 가장 가난합니다. 스승을 가진 제자, 바로 이 사람이 가장 행복한 사람입니다. 이 사람들은 학자와 학생이 아닙니다. 학자와 학생은 아는 사람이지 마음이 가난한 사람은 아닙니다. 스승과 제자만이 마음이 가난한 사람이고, 깬 사람입니다.

 선생과 학생은 '아는 사람'이요, '자는 사람'입니다. 예수님의 말씀 중에 "많이 아는 사람에게는 모르게 하고, 이 철부지 같은 제자들에게만 일깨워 주었다"는 말이 있는데 많이 알고 있는 학자와 바리새교인들은 '자는 사람'이요, '막힌 사람'이요, '체한 사람'입니다. 어리석은 사람인데 도리어 철부지 같은 사람들, 고기 잡는 어부였던 베드로, 야고보 같은 사람들이 깼다는 것입니다. 〈제자들의 행복〉이라는 제목 하에 있는 성경을 보면 "이 사람들이 눈을 떠서 보게 되고, 귀가 열려서 듣게 되었다"는 것입니다.

 우리나라 역사 중 삼일 운동을 한번 거슬러 올라가 생각해봅시다. 33인 가운데 제일 중요한 사람이 과연 어느 누구였나 하는 것을 생각해 보면 기독교 전체를 대표하는 이승훈 선생님을 들 수 있을 것입니다. 그 이승훈은 어떤 사람입니까. 깬 사람입니다. 공부를 많이 한 사람은 결코 아닙니다. 학교를 어디까지 다녔는지는 잘 모르지만 일자무식이라고 해도 크게 틀린 것은 아닐 것입니다. 다만 이승훈은 평양인가에서 장사를 해 돈푼께 나 모았는데 나라가 망해버렸고, 이때 그가 할 수 있는 일이 무엇인가 하고 생각해, 학교를 세우기로 하고 세운 학교가 오산학교입니다.

이승훈은 조만식을 교장으로 내세웠습니다. 이승훈이 조만식을 교장으로 내세울 때도 조만식이란 사람이 학자라고 해서가 아닙니다. 조만식이 깬 사람이라고 생각했기 때문입니다. 조만식 다음에 유영모를 교장으로 내세웠는데 유영모는 경신학교 2학년까지밖에 다니지 않은 사람이었습니다. 그는 결코 학자가 아닙니다. 그런데 이 사람을 교장으로 내세운 것은 깬 사람이었기 때문입니다. 그러므로 아는 사람과 깬 사람은 다른 것입니다.

또 한 사람을 더 생각해보겠습니다. 최남선입니다. 대학자입니다. 그는 삼일 운동 때 독립선언문을 기초한 사람입니다. 그리고 나서 제일 먼저 변절한 사람입니다. 이승훈은, 아는 사람은 아니지만 깬 사람이요, 최남선은, 아는 사람이지만 자는 사람입니다. 깬 사람 이승훈은 자기가 죽으면 시체를 땅에 파묻거나 무덤을 만들지 말고 의과대학 해부학실에 보내 주어 거기서 학생들이 해부하면서 공부하고 나머지 뼈는 다시 주어모아 오산학교 생물과에 생물학 표본으로 만들어 놓으라고 당부했습니다. 이것이 이승훈의 유언입니다.

요사이 무덤을 크게 만들어 놓고 그 속에 냉장고까지 들여다 놓는 사람과 한번 대조해보면 이승훈이라는 사람은 깬 사람입니다. 그 당시 그는 얼마나 깼습니까. "내가 죽은 후 나를 표본으로 만들어라." 이건 그리 쉬운 일은 아닙니다. 그 당시에 이미 오산학교를 세웠다는 것도 위대하지만 조만식 선생을 내세운 일 또한 위대한 일입니다.

그런데 교장으로 내세워 놓은 조만식 선생님을 우리가 한번 생각해 보면 선생님 또한 깬 사람입니다. 조만식 선생님은 일본 메이지대학 졸업생입니다. 그런 학자가 오산학교 교장으로 부임해서 하는 일이란 아침에 아이들이 학교에 오면 춥겠다고 장작불을 넣어 주고, 아이들이 공부하러 들어간 사이, 오줌이 얼어붙은 변소에 가서 곡괭이를 들고 얼어붙은 오줌을 깨는 것 등이었습니다.

흔히 볼 수 있는 사람과는 무엇인가 좀 다르지 않습니까. 아이들을 모아 놓고 지식을 자랑하고 훈화시간에 몇 시간씩 훈화라는 것이 아니라 조만식 선생님이 하는 일은 불 때고, 변소 청소하는 일이었습니다. 이렇게 깬 사람이었기에 이승훈은 조만식 선생님을 모셔다 놓은 것입니다. 깬 사람을 아는 깬 사람, 이것이 바로 이승훈입니다. 하지만 이승훈은 깬 사람일 뿐, 많이 아는 사람은 아닙니다.

기독교란 무엇입니까. 예수 그리스도란 깬 사람입니다. 예수는 많이 아는 사람이 아닙니다. 깬 사람입니다. 예수는 초등학교도 못 나왔습니다. 그런데 예수는 깬 사람입니다.

깬 사람은 또 있습니다. 한용운도 깬 사람입니다. 한용운이 설악산 오세암에 있을 때입니다. 어느 날 몹시 바람이 휘몰아치는데 나무가 부러져서인지 확실치는 않으나 굉장히 큰 소리를 들었고, 명상을 하고 있던 한용운은 그 소리에 깨어 깬 사람이 되었습니다.

또 손병희도 깬 사람인데 내가 그를 한 번도 만나 본 적은 없지만 그가 한 일을 보아 그가 깬 사람이라고 말을 할 수가 있습니다. 손병희는 삼일 운동 당시 33인이 선언문을 낭독하러 나갔을 때 가족에게 천교도당을 지으려고 모아 놓았던 5만 원을 다 나누어 주었습니다. 그 당시 5만 원이란 돈은 지금의 5억에 해당하는 돈입니다. 그가 이 5만 원을 33인 가족에게 나누어 준 것은 이러한 생각에서였습니다. 틀림없이 이제 이 33인이 잡혀서 감옥에 들어갈 터이고 고문을 받다가 죽을 터인데 그들의 가족들이 불쌍하지 않느냐. 가족들이 아이들 공부도 시키지 못하고 살림도 제대로 할 수 없을 터인데 다른 것은 못하더라도 그렇게 되는 것만은 막아야겠다는 생각에서 손병희는 넉넉하지는 못하지만 5만 원을 몰래 33인 가족들에게 나누어 주기로 한 것입니다. 손병희의 다른 면은 몰라도 이거 한 가지만 보더라도 그가 깬 사람이라는 것을 알 수가 있습니다. 그는 큰 사람입니다. 이승훈은 깬 사람이며 한용운은 산 사람입니다.

한용운이 산 사람이라고 할 수 있는 것은, 만주에서 일본의 앞잡이로 오인 받아 독립당으로부터 총격을 받아 총알이 심장 부근에 박혀 수술을 하려고 하였을 때의 일입니다. 수술을 하기 위해 마취를 해야 할 터인데 그는 한사코 마취를 거절하였습니다. 이유인즉 내가 나라를 살리는 일을 하는 사람인데 내 정신을 다만 한 순간이라도 마취시킬 수 있겠느냐는 것이었습니다. 내 정신은 살아야 된다고 하여 총알을 마취 없이 그냥 뽑았다고 합니다. 삼일 운동은 깬 사람과 산 사람과 큰 사람이 일으킨 운동이었습니다.

우리나라에는 '삼일신고三一神誥'라는 사상이 있습니다. 삼신三神이라고 할 때 '환검, 환웅, 환인'이라고 하는데, 환인이라는 것은 '크다'는 말이며, 환웅이라는 것은 '살았다'는 말이며, 환검은 '깼다'는 말입니다. 이런 삼일신고 사상이 우리나라가 기독교를 받아들일 때 쉽게 받아들일 수 있게 한 사상적 근거가 되었습니다.

기독교는 깬 종교입니다. 스승은 깬 사람입니다. 제자들은 무엇입니까. 제자도 깬 사람입니다. "태초에 말씀이 있으니, 말씀이 하나님과 같이 있으니 말씀이 곧 하나님이시다." 태초에 제자가 있으니 제자가 선생님과 같이 있으니 제자가 곧 선생님이다. 이와 같이 제자라고 하는 것이 자기도 모르게 선생님이 되고 마는 것입니다. 그러니까 지금 예수의 제자들이 예수가 하는 것을 보고 그대로 따라 하니 예수가 너무도 감격스러워서 하나님 이럴 수가 있습니까. 학자들도 다 못하는 것을 이 사람들이 먼저 깨달으니 정말 이럴 수가 있습니까 하며 하나님께 감사하고 감격하는 것입니다. 그래서 예수님께서는 "세상에 너희들처럼 행복한 사람은 없다. 왜냐하면 너희들은 다 하나님의 어린아이기 때문이며, 너희들이야말로 정신 자체이기 때문이다"라고 하십니다.

정신이란 무엇입니까. 사람은 언젠가 한 번은 자기 육신에 대하여 마치 그것이 돌이나 나무인 것처럼 "나는 정신이요, 너는 물질이다"라고 외치는 때가 있어야 합니다.

인간은 정신입니다. 그런데 정신이란 무엇일까. 정신이란 나입니다. 정신이 나라면 나는 무엇일까. 나란 하나의 관계입니다. 이것은 키에르케고르의 이야기인데, 이러한 관계는 거저 유지되는 것이 아닙니다. 이러한 관계를 유지하기 위하여 노력하는, 그런 관계만이 산 관계이기 때문에 이러한 관계는 언제나 그 관계에서, 어디서나 관계하는, 그런 관계입니다. 하나의 관계, 그 관계 자체에 관계하는 관계, 이것이 정신입니다.

그리고 이 관계를 지키기 위해서 계속 애쓰는, 그런 정신, 그것이 깬 정신입니다. 깬 정신, 그것이 나입니다. 깬 정신만이 그 관계를 지키기 위하여 그 관계에게 비상한 관계를 가지기 때문입니다.

이 관계는 흔히 약속이나 계약으로 표시되기 때문에 약속의 이행, 계약의 실천, 이것이 관계의 세계입니다. 행行의 세계, 이것이 나의 세계요, 정신의 세계입니다.

더 쉽게 설명해서 칸트는 이러한 나를 실천이성이라고 하지만 키에르케고르는 주체성이라고 합니다. 주체성은 행에서 이루어지고, 정신은 약속을 지키는 데서 더욱 깨어납니다. 깬 정신, 그것이 나입니다.

난 정신, 넌 육체, 천지가 창조되어 하늘땅이 갈리듯이 정신과 육체가 기름과 불처럼 갈라질 때 정신도 살고 육체도 삽니다. 심지가 기름 속에 거꾸러지면 불은 꺼집니다. 심지를 바로 세워 마음과 뜻을 굳게 하여 기름 위에 우뚝 설 때 불은 붙게 마련입니다. 이 관계를 유지할 때만 나는 불이요, 정신입니다.

나는 불, 너는 기름, 기름 없이 불은 없지만 기름에 빠지면 불은 꺼지게 마련입니다. 육체를 극복한 정신, 이것이 깬 정신입니다.

부   활
1982년 4월 11일

누가복음 24:1~12

  그리고 안식일에는 계명대로 쉬었다.
  안식일 다음날 아직 동이 채 트기도 전에 그 여자들은 준비해 두었던 향료를 가지고 무덤으로 갔다. 그들이 가보니 무덤을 막았던 돌은 이미 굴러 나와 있었다. 그래서 그들은 무덤 안으로 들어가 보았으나 주 예수의 시체는 보이지 않았다.
  그들은 어찌된 영문인지 몰라 어리둥절하고 있었는데 바로 그때에 눈부신 옷을 입은 두 사람이 그들 곁으로 나타났다. 여자들은 그만 겁에 질려 감히 쳐다보지도 못하고 있었는데 그들은 여자들에게 너희는 어찌하여 살아 계신 분을 죽은 자 가운데서 찾고 있느냐. 그분은 여기 계시지 않고 다시 살아 나셨다. 그분이 전에 갈릴리에 계실 때에 무어라고 말씀하셨느냐. 사람의 아들이 반드시 죄인들의 손에 넘어가 십자가에 처형 되었다가 사흘 만에 다시 살아나리라고 하시지 않았느냐 하고 말해 주었다.
  이 말을 듣고 여자들은 예수의 말씀이 생각나서 무덤에서 발길을 돌려 열한 제자와 그밖에 여러 사람들에게 와서 이 모든 일을 알려 주었다. 그 여자들은 막달라 마리아와 요한나와 또 야고보의 어머니인 마리아였다. 그들과 함께 다른 여자들도 이 모든 일을 사도들에게 말하였다. 그러나 사도들은 여자들의 이야기가 부질없는 헛소리라고 믿지 않았다.

그러나 베드로는 벌떡 일어나 무덤에 달려가서 몸을 굽혀 안을 들여다보았다. 그랬더니 수의밖에는 아무 것도 없었다. 그는 어떻게 된 일인가 이상히 여기면서 집으로 돌아갔다.

오늘은 교회의 명절 가운데 가장 큰 명절의 하나입니다. 우리가 크리스마스를 명절이라고 그러지만 진짜 기독교의 명절은 이 부활절이 제일 큰 명절입니다. 그래서 우리는 부활절을 기념하기 위해서 언제나 주일날 모여서 예배를 드립니다.

예수께서 부활하기 전에는 토요일이 안식일이었습니다. 그런데 예수님이 일요일에 부활하셨기 때문에 일요일이 우리의 주일날이 되었습니다. 주님의 날이라는 말은 예수님께서 부활하신 날이라는 뜻입니다.

여기 젊은이들이 많아서 우선 부활에 대해서 좀 변명을 해야 되겠습니다. 젊을 때는 생각하기를 예수께서 부활했다는 것은 말이 안 된다, 어떻게 죽었던 사람이 살아나겠느냐는 생각을 자꾸 합니다. 나도 젊었을 때는 그런 생각을 많이 했습니다. 그런데 이 부활이라고 하는 것을 하나의 과학적인 사건으로 생각하면 안 됩니다. 이것은 어디까지나 우리 신앙의 고백이지, 이것이 과학적인 사건이 되어서 연구, 조사, 실험의 대상이 되면 문제는 풀리지 않습니다.

진실로 생각을 해야 됩니다. 신앙이라는 것은 모든 종교가 다 소중하게 생각합니다. 우리는 언제나 과학적인 생각도 할 수 있어야 하고, 예술적인 생각도 할 수 있어야 하고, 철학적인 생각도 할 수 있어야 하지만, 신앙적인 생각도 할 줄 알아야 합니다.

언제나 종교적인 세계, 철학적인 세계, 예술적인 세계, 과학적인 세계, 그 네 가지 차원을 우리가 다 가지고 살아야지 어느 한 가지만 가지고 또 한 가지의 방법론만을 가지고 전체를 밀어 치우려는 것은 좀 모자라는 생각입니다.

음악을 과학적으로 해석해 보려고 애쓰면 안 됩니다. 음악은 음악의 세계가 있는 것이지 과학적으로는 어떻게 안 되는 것이지요. 철학도 마찬가지입니다. 철학도 과학적인 사고를 가지고 철학을 한다면 잘 안 되지요. 종교는 말할 것도 없습니다.

그러니까 인생이란 언제나 파스칼의 말을 빌리지 않아도 네 층으로 되어 있는 것입니다. 그리고 층마다 하나의 비약이 있어서 각 층이 다 독특한 것입니다. 이런 것을 우리가 알고 부활이라는 것을 문제 삼아야지, 그렇지 않고 사람이 정말 부활이라고 하는 것은 아무런 도움이 되지 않을 뿐만 아니라 아무런 기쁨도 주지 않습니다.

부활이란 기독교라고 하는 종교가 성립되기 위해서 가장 밑바닥에 깔려 있는 토대입니다. 십자가도 마찬가지 토대입니다.

토대란 밑바닥에 깔려 있는 것이기 때문에 우리가 볼 수 있는 것은 아닙니다. 우리가 볼 수 있는 것은 집이지 그 집의 기초가 아닙니다. 그러나 집이라는 것이 성립되기 위해서는 반드시 기초라는 것이 그 밑에 있듯이 우리 기독교라고 하는 큰 집이 서기 위해서는 반드시 그 밑에 십자가와 부활이 있어야 합니다. 이 둘이 없으면 기독교는 설 수가 없습니다.

그런데 종교는 삶과 죽음에 대한 답변을 해 주는 것입니다. 어떤 종교든지 삶에 대해서, 죽음에 대해서 해답을 주려고 애씁니다. 원효의 유명한 말 가운데 "일도출생사一道出生死, 일체무애인一切無碍人"이라는 말이 있는데 '일도'란 결국 '출생사' 하자는 것입니다. 십자가의 도란 '출생사' 하자는 것입니다. 생사를 넘어서자는 것입니다. 그래서 무엇을 하자는 건가. 일체무애인, 아무것에도 걸릴 수 없는 자유, 그것을 찾자는 것입니다.

과학이라는 차원에는 자연밖에 없습니다. 필연이 있을 뿐, 자유라는 것이 없습니다. 그래서 종교라는 차원에서 바라는 것이 무엇인가 하면 자유입니다. 일체 아무것에도 걸리지 않는 자유, 그 자유의 창조, 태초에 하나님께서 우주를 창조했다는 것은 자연의 창조입니다. 그것은 자연에 속해 있는 사람, 즉 아담입니다. 아담에 속해 있는 모든 자손은 자연인입니다.

예수님의 부활은 하나님께서 다시 한 번 그리스도를 창조하시는 것입니다. 그리스도의 창조라는 것은, 다시 말하면 자유인의 창조라는 말입니다. 성경에서 제1 아담, 제2 아담 그런 말을 합니다. 제1 아담이란 자연인이요, 제2 아담이란 자유인입니다. 완전한 자유인, 그것이 부활한 예수입니다.

그러니까 부활한 예수라는, 완전한 자유인의 시작이 없으면 인류의 역사에는 소망이 없습니다. 인류의 소망은 자유를 찾는 것입니다. 자유를 찾는 인류의 소망은 요새 말로 하면 오메가 포인트라는 것입니다. 오메가 포인트란 샤르댕의 자유인의 첫 시작, 즉 예수 그리스도의 부활입니다. 예수 그리스도가 십자가에서 죽었다는 것은 자연인이 죽었다는 것입니다. 부활해서 살아난다는 것은 자유인으로 살아났다는 것입니다. 그러니까 성경에 기사를 보면 예수님은 야이로의 딸도 살려냈습니다. 나인성 과부의 아들도 살려냈습니다. 나사로도 살려냈습니다.

그러나 이런 부활과 예수님의 부활은 다릅니다. 그때의 부활들을 죽었던 사람들이 살아났다가 또 죽는 것이지만, 예수님의 부활은 영원히 사는 것입니다. 죽음을 벗어나는 것이지요.

성경에 기사를 보면, 예수님은 아무 것에도 걸리는 것이 없습니다. 마가의 다락방 문을 모두 잠궈 놓았는데도 그냥 쓱 들어옵니다. 그런가 하면 갈릴리 해변가에는 예수님께서 생선 잡은 것을 구워 먹습니다. 그러니까 문이 잠겼는데도 들어올 수 있지만 생선 구은 것도 먹는, 어떻게 보면 영과 육을 다 초월한, 영으로서 육이며, 육이면서 영인 것입니다.

우리는 영체靈體라는 말을 씁니다. 영체는 희랍 사람들의 영혼 불멸과는 다릅니다. 영혼 불멸은 육체 속에 있던 영혼이 나가는 것입니다. 그것은 영혼의 불멸이지요.

또 불교에서 말하는 윤회와도 다릅니다. 그것은 육체가 되는 것입니다. 애굽의 오시리우스, 희랍의 아도니우스, 페니키아의 발은 모두 이런 식의 부활사상이지요. 애굽의 부활사상이 얼마나 강했으면 피라밋을 지었겠습니까. 죽은 사람을 파묻어 놓고 살아나기를 기다리는 피라밋, 그것과도 다릅니다. 그것은 자연신교의 겨울이 지나면 봄이 온다는 그런 사상을 하나의 인격화하고 상징화한 것이지 영체는 아닙니다.

그러니까 부활이란 지금까지 인류가 가졌던 모든 사상과는 다른 것입니다. 이것은 하나의 새로운 창조이지, 지금까지 있었던 생각의 해석이 아닙니다. 우리는 이 부활에 대해서 아주 깊이 알아야 됩니다. 하여튼 십자가 부활이라는 것은 신앙의 밑바닥입니다.

신앙한다는 것이 무엇입니까. 신앙한다는 것은 생에 대해서 어떤 생각을 가지는 것, 죽음에 대해서 어떤 생각을 가지는 것이 아닙니까. 생사에 대한 하나의 답변을 가지는 것이 아닙니까. 우리 기독교의 신앙이 무엇입니까. 저는 인생은 즐거운 것이라고 생각하는 것이 기독교의 신앙이라고 생각합니다.

기독교는 삶이라는 것을 어떻게 보는가. 낙관하고 기쁘다고 보는 것이 기독교 신앙의 독특한 점이라고 생각합니다. "항상 기뻐하라." 성경은 맨 처음 크리스마스 때부터 마지막까지 기뻐하라는 것입니다.

기독교의 복음이라는 것은 무엇입니까. 기쁜 소식입니다. 기쁨이라는 것을 빼놓으면 기독교는 없다고 생각합니다. 내가 예수를 왜 믿나. 단적으로 예수를 믿어보니 기쁘더라는 것이지, 그거 빼놓으면 뭐 있습니까. 우리 교회에서 매 주일 말하는 것은 기쁨이라고 하는 것이지요. 이 기쁨이라는 말을 자꾸 하니까 기쁨 싫어하는 사람은 없는 것 같아요. 그래서 우리 교회에 교인들이 많이 오지 않나 그렇게 생각합니다. 그런데 그것이 우리 교회의 핵심입니다. 기독교의 핵심입니다. 기독교에서 기쁨을 빼놓으면 아무것도 없습니다. 난 인생이 참 기쁘다, 인생은 참 즐거운 것이라고 생각합니다.

나는 우리나라에 대해서도 상당히 소망을 가지고 있습니다. 우리나라의 역사, 우리나라의 앞길에 대해서도 굉장히 희망과 기쁨을 가지고 있습니다. 나는 우리나라가 앞으로 세계에서 제일 훌륭한 나라가 될 것이라고 생각하고 있습니다. 그런 생각을 하니까 나라를 사랑하고 싶지, 그런 생각을 하지 않는다면 나라를 사랑하고 싶지도 않을 것입니다. 이 세계에서 우리나라가 제일 좋은 나라가 될 것만 같아요. 그래서 나는 학생들에게도 16세기는 이탈리아 시대, 17세기는 프랑스 시대, 18세기는 독일 시대, 19세기는 영국 시대, 20세기는 미국 시대, 21세기는 일본 시대, 22세기는 한국 시대라고 합니다. 나는 모든 세계 사람들이 한국을 쳐다볼 때가 온다고 생각해요. 그런데 이런 생각을 하고 나면 참 기쁩니다. 한국 사람으로 태어난 것이 얼마나 기쁜지 모릅니다. 그래서 인생이 기쁘다는 것이 기독교 신앙의 특징이라고 생각합니다.

나는 죽음에 대해서 늘 말합니다. 죽음은 인생의 시작이다. 인생은 40부터가 아니고 인생은 죽음으로부터다. 그런 말을 자주 합니다.

지금 내가 사는 것은 사실 불완전한 것입니다. 가짜라고까지는 하지 않더라도 지금 내가 사는 것은 불완전한 것입니다. 불완전한 인생이지만 기쁨이 있다는 것은 다행한 일입니다. 그러나 이것만 가지고는 만족할 수 없습니다. 인생은 진짜 인생을 한번 맛보고 살아야지 그렇지 못하면 만족이 없다고 생각해요. 그 진짜 인생은 역시 죽음으로부터 시작합니다. 죽음으로부터 완전한 인생을 맛볼 수 있게 됩니다.

그렇기 때문에 죽음이라고 하는 것이 우리 기독교인들에게는 조금도 문제가 안 됩니다. 예수님의 죽음에 대한 태도를 보면 문제가 하나도 안 되었습니다. 너희는 마음에 근심하지 말라. 하나님을 믿으니 나를 믿으라. 하나도 문제가 안 돼요. 왜 하나도 문제가 안 되는가 하면 예수님은 자기의 운명을 안 사람입니다. 자기 운명이 십자가에 달려 죽은 후 사흘 만에 다시 살아난다는 것이지요. 한두 번 말한 게 아니에요.

왜 그렇게 말하나. 자기의 운명과 지금까지 계속 전해 내려 오는 이스라엘 사람들이 말하는 예언이 일치되었다는 것입니다. 이사야 53장을 보면 예수는 자기의 운명을 알았을 뿐만 아니라 그것을 제자들에게 강조합니다. 다른 제자들도 그것을 강조합니다. 성경에 의해서 십자가에 달리고, 성경에 의해서 부활했다는 말을 자꾸 합니다. 그것은 개인의 역사와 인류의 역사의 일치를 말하고 싶어서 그러는 거지요. 예수는 개인과 인류의 일치라는 역사적 경험을 하는 겁니다.

그러니까 십자가 부활이란 예수의 운명이요, 동시에 인류의 운명입니다. 이 운명에 동참하는 것이 우리가 십자가 부활에 동참하는 것입니다. 인생은 즐거운 것이다. 인생은 죽음으로부터 시작된다. 이것이 생과 죽음에 대한 해답입니다. 이런 해답을 가지는 것이 신앙입니다. 이러한 신앙을 가질 때 내 생의 기쁨이 어디서 오는가를 파고들어 가면 결국 십자가에 도달합니다. 내 생의 기쁨의 원천이 십자가입니다. 그것은 그렇게 되지 않을 수가 없습니다. 기쁨은 십자가에서 터져 나옵니다. 이것을 어려운 말로 속죄라고 하는데 십자가 덕으로 내 모든 문제가 해결된다는 뜻이지요.

속죄라는 말은 다시 말해서 진리의 자각입니다. 십자가란 쉽게 말하자면 진리를 깨닫는 것입니다. 모든 기쁨이 어디서 나오느냐 하면 진리를 깨닫는 데서 터져 나오는 것입니다. 그러니까 기쁨의 원천은 십자가입니다. 생의 기쁨을 법열이라고 하는데 진리의 깨달음이 없으면 법열이 있을 수 없습니다. 그러니까 법열 없이는 생의 문제가 해결이 안 됩니다.

그리고 또 하나는 인간의 완전 또는 자유인데 우리가 신앙생활을 하다보면 남달리 자유로운 것을 자꾸 느낍니다. 그건 여러분도 경험해 보면 알 것입니다. 남들같이 그렇게 바쁘지도 않고 좀 한가해요. 우리는 별로 어려운 것도 없어요. 여러분 나 이렇게 설교할 때 뭐 어려워 보입니까. 난 설교 준비도 안합니다. 써 가지고 오는 것도 없습니다. 그저 나와서 말하는 것이니까 이 이상 쉬운 것이 없지요. 그러나 다른 사람들이 생각하면 상당히 어려운 것입니다. 많은 사람들 앞에서 말한다는 것이 쉽지 않아요. 쉽지 않지만 우리 믿는 사람에겐 하나도 어려울 것이 없습니다. 자기가 가지고 있는 생각을 그대로 내어놓는 것뿐이니까 어려울 것이 뭐 있습니까.

여러분, 내가 특별히 신통한 말을 할 때가 있습니까. 그저 다 아는 말을 하는 것뿐입니다. 노래는 늘 아는 노래가 좋습니다. 우리가 연극을 해도 밤낮 「춘향전」, 「심청전」을 하는데 밤낮 보아도 좋지, 새 것이 좋은 것이 아닙니다. 우리에게 익숙해져 있는 이야기를 하는 것이 더욱 좋아요. 나는 찬송가 495장을 부르는데, 이제 495장을 몇 번 불렀으니 오늘은 그만 두자고 하는 것이 아니에요. 부르면 부를수록 좋아요. 나는 특별히 준비해 가지고 잘해 보겠다는 생각은 하지 않습니다. 내가 평소에 가지고 있는 생각을 말씀드리는 것뿐이지요. 그러니까 설교라는 것이 굉장히 쉽습니다.

왜 이렇게 쉬운가. 신앙 때문입니다. 신앙이라고 하는 것은 자꾸 이렇게 쉽게 해요. 쉬워진다는 말은 자유로워진다는 말입니다. 자유로워지고, 쉬워지는 데가 있어요. 왜 그렇게 되느냐. 부활 때문입니다.

하나님의 힘으로 사는 것입니다. 예수가 부활했다. 예수가 잘나서 부활한 게 아닙니다. 하나님께서 부활시켜줘서 부활한 것입니다. 예수의 부활은 제2의 창조라고 그랬는데 제2의 창조를 누가 하는가 하면 그것은 하나님이 하는 것입니다. 그러니까 하나님의 힘을 받아서 살면 우리도 부활해서 사는 것입니다. 부활이란 것이 하나님의 힘을 받아서 사는 겁니다. 하나님의 힘으로 살면 쉽습니다. 걸어가는 것보다 버스 타는 것이 쉽습니다. 그와 마찬가지로 하나님의 힘을 받아가지고 살면 사는 것이 다 쉬워요. 하나님의 힘을 못 받으면 설교도 못합니다. 설교를 언제나 할 수 있는 것은 하나님의 힘으로 하기 때문입니다.

우스운 이야기 같아요? 신앙은 하나님의 힘을 가지고 지금의 생만을 사는 게 아니라 요다음 생애도 삽니다.

그러니까 요한복음 11장 25절 "나를 믿는 자는 죽어도 살겠고, 살아서 믿는 자는 영원히 죽지 않는다"라는 말씀이 참 좋습니다. 살아도 살고 죽어도 삽니다. 그건 살아서도 우리가 하나님의 힘을 가지고 살지만, 죽어서도 하나님의 힘을 가지고 살 수 있다는 것입니다. 죽어서도 하나님의 힘을 가지고 살 때는 하나님께서 더 큰 힘을 주십니다. 나는 지금 살아서 하는 일보다 죽어서 훨씬 더 큰 일을 할 것이라고 생각합니다. 하나님께서 내게, 그렇게 힘을 주실 거라고 생각해서입니다. 이것이 우리 신앙입니다. 우리는 이 세상에서만 일하고 가는 것이 아닙니다. 하나님 나라에 가서도 일을 합니다. 그때는 더 큰 일을 합니다. 그 큰 일을 하기 위해서 우리는 하나님께로 가는 것입니다.

나를 믿는 자는 살아도 일하고, 죽어도 일한다. 이것이 신앙입니다. 내가 사는 것도 그리스도요, 내가 죽는 것도 그리스도요 하는 것과 같은 말입니다. 살아서도 그리스도요, 죽어서도 그리스도입니다. 살아서만 사는 것이 아니에요. 죽어서도 사는 것이지요. 이 신앙이 없이는 일도출생사 할 수가 없습니다. 이 신앙을 가져야 일도출생사가 되는 것입니다. 그렇게 되면 우리는 이생을 살면서도, 저 생을 살면서도 완전한 자유를 누릴 것이라고 생각합니다.

나는 지금 이 생을 사는 것을 애벌레쯤으로 사는 것이라고 생각해요. 이 세상에서는 벌레가 기어 다니는 정도의 자유지만 이제 저 세상에 가면 나비가 날아다니는 것과 같은 자유라고 생각합니다.

예수님께서 천사라는 말을 썼는데 할 수 없이 천사라는 말을 썼지, 천사 이상의 자유를 가지고 살 것이라고 생각합니다. 그것이 우리의 신앙입니다. 바울 선생님께서는 로마서 8장 11절에 예수를 죽은 자 가운데서 살리신 하나님의 영이, 너희 가운데 있으면, 예수를 죽은 자 가운데서 살리신 하나님이, 너희 안에 있는 그 영의 힘을 가지고, 너희의 몸도 살리시리라고 했습니다. 하나님께서는 우리에게 이 육체를 주셨지만 앞으로는 더 온전한 몸을 주실 것이라는 겁니다. 지금은 이 몸을 쓰고 살지만 앞으로는 더 완전한 몸을 쓰고 사는 것이지요. 그것이 하나님의 사랑입니다. 그 사랑을 빼놓으면 아무것도 없습니다. 그러니까 그 사랑을 믿는 것입니다. 그 사랑을 우리 속에서 느끼는 것입니다.

실제로 나는 내가 자유로워지는 것을 느끼고, 앞으로도 더욱 자유로울 것이라는 것을 내 속에 느끼고 있습니다. 그래서 믿음이라는 것은 바라는 것의 실상이고, 보지 못하는 것이 증거입니다. 실지로 그렇게 느끼면 무엇이든지 쉬워져요. 그리고 나는 앞으로도 반드시 그런 일이 올 것이라는 것을 느끼고 있다는 것입니다. 그것이 우리의 신앙이라는 거예요. 그거 없이 어떻게 인생을 삽니까. 이 신앙으로 우리는 이생에서 최대한의 자유를 느낍니다.

우리가 지금 일반 사람들보다 훨씬 더 많은 자유를 느끼지만 앞에 오는 세상에 가서는 최대의 자유를 느낄 것입니다. 나는 그것에 대한 어떤 증거를 내 속에서 붙잡을 수가 있습니다. 앞으로 오는 세계에 대해서 내가 어떤 증거를 잡을 수 있다는 말이지요. 그것이 히브리서 11장 1절입니다.

하나님의 힘으로 사는 삶이 어떤 것인가를 느낄 때 여러분도 부활을 확실히 느끼게 될 것입니다.

하나님 나라가 땅에서도 이루어지이다
김흥호 사상 전집 · 기독교 설교집 3

지은이 | 김흥호
발행인 | 최정식
기획 편집 | 임우식 · 이경희

1판 1쇄 발행 | 2009년 12월 4일

발행처 | 사색 출판사
주소 | 서울 중앙우체국 사서함 206호
전화 | 070-8265-9873   팩스 02-6442-9873
홈페이지 | www.hyunjae.org
이메일 | hyunjae2008@hotmail.com
인쇄 | (주)약업신문

Copyright ⓒ김흥호, 2009, *Printed in Korea.*
ISBN 978-89-93994-03-2   04080
ISBN 978-89-93994-00-1   (세트)

*이 책은 〈김흥호 사상 전집〉 제3번째로 출판되었습니다.
*저자와의 협의에 따라 인지는 생략합니다.
*잘못된 책은 바꿔드립니다.
*이 도서의 국립중앙도서관 출판시도서목록(CIP)은 e-CIP 홈페이지
http://www.nl.go.kr/cip.php에서 이용하실 수 있습니다.(CIP제어번호: CIP2009003593)